はじめに

母胎に人の命が宿り、生まれ落ちるまでほぼ一〇カ月――。日本実業界の父といわれる渋沢栄一は、それと同じ期間を静岡藩士として、私たちの郷土・静岡で過ごした。九十二歳という天寿を全うした栄一の人生のなかで、時間的にはほんの一幕にすぎないかもしれない。しかし、この一〇カ月こそが栄一自身だけでなく、後の静岡、そして日本の近代化にとって非常に大きな意味を持つことになる。古希を目前にした明治四一年（一九〇八）、栄一が静岡で行われた講演会で、「静岡は日本実業の策源地（根拠地）である」と述べたことに、それは端的に示されている。

この講演会で、栄一は静岡の人々に次のような厳しい言葉を投げかけた。「転ばずに、駆け足に」――。静岡の人々が慎重で控えめなのは良いけれども、もっと積極的に挑戦すべきだと説いたのである。栄一は「茶は増えたが」と続け、茶業の成功は評価しつつ、今後は茶だけではなく他にも有益な事業を考えるよう聴衆を鼓舞した。わずかな期間ではあったが静岡に住み、静岡の人々と共に過ごした栄一ならではの鋭い指摘は県民の心に響いたであろう。

栄一は「日本資本主義の父」、あるいは「日本実業界の父」と呼ばれ、多くの企業を設立するとともに、数々の社会事業にも力を尽くした。歴史だけでなくビジネスの世界でも学ぶべき人物として知られ、著書『論語と算盤』を解説するビジネス書がこれまでに数多く出版されてきた。ただ、静岡藩士として静岡を拠点に活動していた時期（明治元年一二月から同二年一〇月）については十分に語られてこなかった。日本初の株式会社ともいうべき「商法会所」（後に常平倉《じょうへいそう》と改称）を設置したことがわずかに触れられている程度であった。

けれども、栄一に関わる古文書をはじめとした様々な歴史資料（以下、史料とする）に改めて目を通してみると、実に多くの静岡の人々が栄一と交流していたことがわかる。特に、商法会所・常平倉関係の記録には、静岡をはじめ県内各地の豪商・豪農が名を連ねているし、死後に編さんされた『渋沢栄一伝記資料』の静岡藩士時代に関する内容は、後に紹介する一人の静岡商人が記した記録がほとんどを占めている。静岡藩士時代の栄一にとって、地元静岡の商人たちの存在がとても大きかったことがうかがわれる。

本書の目的の第一は、静岡藩士渋沢栄一と共に商法会所・常平倉の運営に携わった静岡の人々に光を当てることである。調査の結果、渋沢が商法会所で目指していたことを、静岡の人々はすでに幕末から準備していた様子が少しずつ見えてきた。栄一をもきっと唸らせたに違いない彼らの先見性はどう育まれたのか。当時の静岡（特に駿河・遠江）の特殊な事情について解き明かしながら、栄一と対峙した先人たちの実力に迫りたい。

第二の目的は、実業界の巨人となった栄一と、静岡との関係をたどることである。栄一が、かつての主君であった徳川慶喜の伝記『慶喜公伝』の編さんを通して徳川家の視点から明治維新を捉え直したことは広く知られている。本書ではそれに加えて、静岡で過ごした慶喜の後半生と栄一のつながりにも注目する。下田・玉泉寺の改修、初代アメリカ総領事タウンゼント・ハリスの記念碑建立にも尽力した渋沢の「明治維新を振り返る姿勢」も取り上げたい。

また、栄一は旧静岡藩士や静岡の人々を対象とした育英・奨学を行う「静岡育英会」の運営や、現在の静岡県立中央図書館の前身である静岡県立葵文庫の設立に協力している。さらに、静岡に招かれての演説・講演では静岡藩時代の思い出を交えながら、時に自身の体調も顧みずに、次代を担う若者たちに熱く想いを語ったこともあったようだ。

このような栄一の活動一つ一つが、没後も続いていく静岡県内の各分野の発展にどう結び付いていったのかも、併せて明らかにできたらと思う。

目次

第4章　静岡藩士としてのミッション

第5章　日本初の株式会社「商法会所」

第1章　草莽の志士

1　商売、学問、剣術に熱中した少年時代

有力百姓の長男

渋沢栄一は、天保一一年（一八四〇）二月一三日に武蔵国榛沢《はんざわ》郡血洗島《ちあらいじま》村（現在の埼玉県深谷市血洗島。以下、地名に続く丸カッコ内は現在の地名）の有力百姓渋沢市郎右衛門の長男として生まれた。幼名は市三郎、六歳のときに母栄《えい》の名をとって栄治郎と名付けられた。天保年間は、元年に伊勢神宮へ参詣する「お蔭参り」が大流行、七年頃からは江戸時代の三大飢饉に数えられる天保の飢饉が始まり、翌八年には大塩平八郎の乱や生田万《いくたよろず》の乱、モリソン号事件が起こるなど、内憂外患の時代が訪れようとしていた時期である。栄一誕生の翌年、天保一二年には、当時浜松藩主であった老中水野忠邦による天保の改革が行われたが、幕府の権威が低下しつつあった時代背景もあいまって、その評価は芳しくなかった。

幕末維新期の有名人たちと栄一の年齢を比べると、大久保利通、西郷隆盛、木戸孝允らいわゆる維新三傑よりは一〇歳ほど年下で、明治政府の中核を担った伊藤博文や山縣有朋とは同世代に当たる。伊藤博文とは、伊藤自身も百姓の家の出だったこともあり、特に親しかったといわれている。

さて、栄一が生まれた血洗島村の近くには中山道が通っており、江戸までは徒歩で二日ほどの距離であった。血洗島村で渋沢姓を名乗ったのは栄一の生家以外にも十数軒あり、栄一の生家が一族の宗家だったが、祖父の代に家勢が一時傾き資産の大半と土地も手放してしまった。父市郎右衛門は、一族内で最も裕福だった渋沢宗助家から宗家を救うために婿養子に入った。市郎右衛門は宗家挽回のために質素倹約を課すとともに、藍玉《あいだま》（藍の葉から作る染料）の製造販売に大成功して宗家を復活させた。市郎右衛門は商才に優れるとともに村内での人望もあり、血洗島の領主安部《あんべ》家から名主見習いに任命され村のリーダーとなり、苗字帯刀も許可された。

栄一は、現在の小学校に上がるくらいの年齢で、父市郎右衛門から中国の古典を教材に、当時漢文学習の基礎的な教授法とされていた「素読」を課された。栄一が読んだ中国古典の中には、後に栄一に大きな影響を与える『論語』も含まれていた。覚えの早い栄一の様子を喜んだ市郎右衛門は、栄一を隣村（栄一家から八〇〇メートルほど）の下手計《しもてばか》村名主尾高勝五郎の息子尾高惇忠《あつただ》（読みは「じゅんちゅう」とも）のもとに通わせることにした。

惇忠は文政一三年（一八三〇）生まれで、年齢的には吉田松陰などと同じである。惇忠の父勝五郎の妻は栄一の父市郎右衛門の姉の八重であり、栄一と惇忠は従兄弟にあたる。惇忠の弟の長七郎と平九郎は、幕末動乱を栄一と共に過ごすことになる。

惇忠の教育は、市郎右衛門が栄一に課したオーソドックスな素読とは異なる一種独特な方法であった。中国古典の素読を通じて一字一句を暗記するのではなく、各人が読みやすい、面白いと興味を持った書物をどんどん読ませていった。それによって自然と読書力が身に付き、難解な文章も理解できるようになると惇忠は考えていた。教養として真っ先に読まれる『論語』をはじめ四書五経の古典も、内容が理解できるようになるのはそれぞれが成長して世の理を知ってからであるから、若いうちはとにかく、様々な書物に接しておいたほうが良いというのである。

栄一は、この惇忠の教えに従って多くの本を読んだ。その読書欲の前では親類などの蔵書だけではとても足りず、約八キロ離れた中山道本庄宿（埼玉県本庄市）にあった貸本屋を訪れて本を物色したほど。江戸時代のベストセラー小説であった『南総里見八犬伝』や、『三国志』などの歴史ものも好んで読んだ。

読書好きがうかがえる少年時代のエピソードが伝わっている。一二歳となった正月のこと。本を読みながら近所を年始回りに歩いていたところ、本に夢中になって溝に気づかず、そこへ落ちて一張羅の晴れ着を汚してしまう。普段は温厚な母だったが、この時ばかりは強く叱ったという。栄一少年の困惑顔が目に浮かぶようだ。

栄一の父市郎右衛門も若い頃は武士となって身を立てることを夢見て剣術に励み、神道無念流を学んでいた。栄一も剣術に関心があり、市郎右衛門の兄で神道無念流免許皆伝の腕前だった渋沢新三郎に教えを乞うた。そして、惇忠の弟で栄一の従兄弟にあたる尾高長七郎や、伯父文左衛門の長男渋沢喜作と共に新三郎の門人となり、目録を貰うほどに実力を磨いたという。

この時代の江戸近郊の農村では、渋沢一族のように経済力を蓄えた豪農・村役人層の間では剣術を修練する者が多かった。農村部の古文書調査を行うと剣術の免許状が出てくることは少なくない。栄一が幕末の京都で出会うことになる新選組の近藤勇や土方歳三なども、生まれは多摩の豪農であった。

家業の藍玉で商才

栄一の父市郎右衛門は、読書に熱中するばかりの栄一に対して家業を学ぶことを命じた。跡取りである以上、書物に浸っているだけでは済まない。家業万事を知って、励んでもらわなくては、自分が一代で復活させた渋沢宗家が再び没落してしまうと危惧したからだ。

渋沢家は米や麦を耕作するほかに養蚕も行っていた。養蚕は市郎右衛門の代になると、規模を縮小し、代わりに藍玉を作って紺屋《こうや》（染物屋）に販売するようになっていた。血洗島村の土地は藍玉の原料である藍葉を栽培するのに適し、すでに渋沢一族の中には藍玉を扱う家があった。そこに商機を見いだして、市郎右衛門も藍玉生産に乗り出したと思われる。藍玉は信濃国（長野県）の染物屋に加え、本庄宿や隣国の上野《こうづけ》国伊勢崎（群馬県伊勢崎市）からも引き合いがあった。藍玉で財を成した市郎右衛門は、荒物業（雑貨類販売）や質屋（金融業）にまで手を広げた。

市郎右衛門は栄一への家業教育の手始めとして、藍葉の買い付けについて教えようと考えた。渋沢家は自家で栽培した藍葉だけでなく、良質な藍葉を広く買い集めていた。一番の早道は買い付けに同行させて学ばせることだったが、折あしく自分は得意先の染物屋回りに忙しい。そこで次善の策として、栄一の祖父に武蔵国秩父郡（埼玉県）へ買い付けを頼み、同行させることにした。

祖父のお供として送り出された栄一だが、父の仕事ぶりを間近でずっと見てきただけに、買い付けで肝要となる藍葉の目利きはとうに祖父を超えていた。実地での成果を喜んだ市郎右衛門は、栄一に染物屋回りも任せるようになった。

少しずつ家業の経験を積んでいった栄一は商売が次第に面白くなり、自分なりに工夫を凝らすようになっていく。例えば、良質な藍を栽培した百姓を招いて御馳走するなどして、生産者間の競争心を高めたという。栄一の商才を示す一つのエピソードだろう。

2　関心は国事へ

理不尽な御用金上納

父市郎右衛門の期待通り、家業に精を出すようになった栄一に、人生の転機となる出来事が起こる。安政三年（一八五六）、血洗島村の領主である岡部藩主安部家が、渋沢家に対して御用金の上納を求めてきたのである。

安部家は幕府の要職に就く家格を持つ譜代大名だが、石高は二万石程度と低かった。城は持たず、血洗島村から八キロほどの武蔵国榛沢郡岡部（深谷市）に陣屋を置いていた。領地は陣屋のある武蔵国のほか、上野、三河、摂津、丹波に分散していた。血洗島のある榛沢郡には四〇〇〇石の領地があった。ちなみに安部家発祥の地は井川（静岡市葵区）であり、安部家の祖安部大蔵の墓は今も井川の龍泉院にあり、江戸時代は、毎年のように家臣を井川に派遣し墓参りをさせていた。

安部家から領地の村々に対して御用があると、陣屋から呼び出しがかかる。当然村役人を務める渋沢家にも声が掛かったのだが、父市郎右衛門が不在で栄一が代理として陣屋に赴くことになった。伝えられたのは御用金の上納である。

江戸時代の後半から幕末にかけて、大名や旗本は領内の豪農や商人に対して、様々な理由を付けて御用金や先納金の上納を命じていた。本来の御用金は献金とは異なり返済されるべきものだったが、実のところ献金と何ら変わらなかった。領主の側は恒常的な財政難にあり、臨時出費に耐えられない。江戸城登城や姫の輿入れ、先祖の法要などが格好の口実とされ、結果的に領民が費用負担の肩代わりをさせられていた。

血洗島村には、一五〇〇両もの御用金が割り当てられた。形式的には村に対しての割り当てだが、実際には渋沢家のような豪農が負担することになる。渋沢一族で最も財力のある市郎右衛門の実家宗助家が一〇〇〇両、栄一の家である市郎右衛門家には五〇〇両が割り当てられた。渋沢家への御用金上納の命令は、これまでも何度か出されており渋沢家はすでに二〇〇〇両以上の御用金を上納していた。しかも、御用金調達について藩から納得のできる説明はなされなかった。

栄一以外の名主たちは御用金上納に同意したが、栄一ひとりは違った。自分は父市郎右衛門の代理として来たので、藩からの命令を父に伝え、改めて出頭すると返答したのだ。この言い分に藩の役人は納得せず、この場で同意するよう迫った。栄一が一七歳の若輩であったこともあり、甚だ高圧的な態度であった。父に事の次第を告げると、栄一はたしなめられる。翌日にはまた陣屋へ出頭し、五〇〇両の上納金を請けることを伝えざるを得なかったのだ。

金を出してもらう側の藩役人が、五〇〇両もの大金の出金を当たり前のように命令することに栄一はどうしても納得できなかった。武士であれば道理が通らなくても命令することができる。そして、自分は武士でない。だからこのような理不尽な振る舞いをされるのだと考えた。

後に栄一は、この時の出来事を著書『論語と算盤』のなかで振り返っている。「江戸時代の実業家とは、百姓や町人身分であり、才能や経済力があっても武士からは所詮は百姓町人の分際でとさげすまれた」。この理不尽に対する怒りが栄一を武士身分への上昇に突き動かした。怒りはそれだけにとどまらず、いわゆる士農工商であらわされる江戸時代の身分制度へも向かう。すなわち、能力や努力ではなく、身分にすべてが左右されるという社会は変革させるべきであるという考えが芽生え、栄一は倒幕運動へと進んでいくのである。

尊王攘夷に目覚める

栄一は、安政五年（一八五八）一二月に従兄弟で学問の師である尾高惇忠の妹、千代を妻に迎えた。栄一は一九歳、千代は一八歳、従兄弟同士の結婚である。二人の間には、文久二年（一八六二）二月に長男市太郎（夭折）が、同三年八月には長女歌子が生まれた。

ちょうどこの時期、外国を排撃して鎖国堅持を主張する攘夷論が内憂外患の情勢のなかで、高まりを見せていた。元々栄一の出身地である血洗島村やその周辺は、学問や武芸が盛んな所だった。父市郎右衛門や祖父宗助は剣術を得意とし、宗助の弟の仁山《じんさん》は和漢の学問に通じ、多くの人々を教えていた。隣村の名主で親戚関係にある尾高家も同様で文武に長けていた。攘夷論はそうした地域の知識人、リーダーとなっていく人々の間でも受け入れられた。渋沢一族も例外ではなかった。栄一とその三人の従兄弟、尾高惇忠・長七郎の兄弟と渋沢喜作も攘夷論に感化されていった。特に栄一が影響を受けたのは学問の師でもあった惇忠であった。惇忠は、当時の攘夷論の発信地であった水戸藩の掲げる攘夷思想「水戸学」の影響を強く受けていた。

水戸学自体は、内憂外患という日本の危機的状況にどのようにして対応していくべきかを説いた思想・学問であり、天皇の伝統的な権威を背景とした体制を目指すもので、幕府の存在を否定するものではなかった。しかし、開国に始まる幕府の権威失墜を受け、諸外国に対抗できない幕府を糾弾する流れが強まるなか、天皇への期待は高まる一方だった。攘夷は尊王と結び付いて、危機打開の思想として急速に支持を集めていった。

志士たちとの交流

栄一や惇忠の家には、当時各地を遊説していた尊王攘夷の薩摩・長州藩士らが訪れ、彼らから、栄一は大きな影響を受けた。また、商用で訪れた信濃や上野《こうずけ》で、いわゆる草莽《そうもう》の志士たちと交流を持った。草莽とは草、草むらのこと。彼らは在野にあって尊王攘夷を説き広めていた。栄一は自らも草莽の志士となって国の大事に尽くそうという気持ちを募らせていく。このまま血洗島にとどまって、ただ時流を傍観するのではなく、江戸へ出て多くの情報に接したいと熱望するようになった。

惇忠の弟長七郎は、この頃すでに江戸へと遊学し剣術修行にも励んだ。長七郎は、惇忠の指示を受け尊王攘夷の志士として活動するようになり、惇忠の家は尊王攘夷派の拠点となっていった。栄一たちにとって、長七郎が地元に戻った際に語って聞かせる江戸や国内外の情勢は大きな刺激となった。

栄一は、父市郎右衛門に江戸遊学を願い出るが、父は尊王攘夷の志士に憧れる息子に危うさを見たのか、それを許可することはなかった。栄一は父を説得し続け、文久元年（一八六一）の春、ついに江戸へ出て長七郎の通う儒学者海保漁村《かいほぎょそん》の塾に入るとともに、剣豪として名高い北辰一刀流の千葉周作の道場に入門する。しかし、栄一の真の目的は学問や剣術ではなく、尊王攘夷の志士たちとの交流であり、同志を集めることであった。

江戸で志士との交流が深まるにつれ、血洗島に帰っても家業がおろそかになり、栄一は父から度々叱られるのだが、尊王攘夷への傾倒はやむどころか、むしろ深まっていった。そんな折、ある情報が入る。それは老中安藤信正の襲撃計画だった。桜田門外の変で殺害された井伊直弼の後、幕閣の中心となった安藤信正は引き続き水戸藩に対して強圧的な姿勢を取り続けた。危機感を持った水戸藩士らは密かに襲撃を画策していたのだ。話は長七郎にも持ちかけられ、惇忠や栄一、喜作も誘われたのだが、栄一らは安藤を討つだけでは効果が薄いと考えて賛同しなかった。

計画は文久二年（一八六二）一月一五日、実行された。坂下門外の変である。結局、長七郎も参加しなかったのだが、幕府による取り調べが行われていくなかで、名前が表へ出てしまう。追捕の手が差し向けられたことを知った栄一は、長七郎を説得して京都へと向かわせた。しばらくの間、潜伏させて時期を待つのと同時に、京の情勢を探らせようとしたのである。

横浜焼き討ち計画

坂下門外の変の後、日本国内はさらに不穏な情勢となり、外国人の殺傷事件が頻発した。尊王攘夷運動の高まりに刺激されて、栄一たちも過激な計画を立てる。横浜の外国人居留地を焼き討ちし、外国人を片端から切り殺そうというのである。栄一は文久三年（一八六三）の春、江戸へ向かった。約四カ月間、海保塾や千葉道場に通いながら江戸と血洗島を往復した。この往復は、これまでの学問と剣術修行ではなく、襲撃計画を進めるためで、栄一、惇忠、喜作の三人は密かに段取りを整えていく。

　計画は無謀なものだった。横浜襲撃の前に血洗島から最も近い城、高崎城を乗っ取って装備を整え、高崎から鎌倉街道を通って出兵しようというのだ。当時の城主は譜代大名の大河内松平家八万石。栄一たちは、城に収蔵される刀・槍に加え、百姓身分では入手が難しかった弓や鉄砲に目を付けたのである。高崎城乗っ取りという難事を前提としていたが、当時の栄一は本気であった。

　後に栄一は、「彼に堅艦巨砲があっても、我にはいわゆる大和魂を以て鍛錬した日本刀の鋭利があるから、手当たり次第に斬って斬って斬り捲《まく》ろう、という向不見《むこうみず》の野蛮な考えであって、今から見ると、まことに笑うべき話に過ぎぬけれども、その時は攘夷一途に思い込んだ頭脳だから」（『雨夜譚《あまよがたり》』）と振り返っている。さらに、たとえ自分たちが失敗に終わっても、この行動が倒幕のきっかけになれば本望だと思っていたとも語っている。

　栄一、惇忠、喜作の三人が挙兵に向けた準備を進めるうえで苦労したのは、武器の確保であった。鉄砲は高崎城を奪取して手に入れることとし、まず刀と槍集めに取り掛かった。栄一は江戸に出て、武器問屋から刀のほか、鎖を編んで作られた着込みという防具を手に入れた。刀・槍は一二〇～一三〇、着込みは八〇～九〇程度。支払いは、渋沢家の家業である藍葉買い入れのための金三〇〇両を充てた。雑穀類と偽って血洗島まで運び込み、渋沢家と尾高家の藍蔵に隠した。

武具調達とともに、栄一は江戸で同志集めにも追われた。海保塾や千葉道場で知り合った者たちからなる慷慨組《こうがいぐみ》と称する草莽隊を組織したが、人数はわずか六九名。高崎城奪取に要する勢力としては非現実的な数であった。それでも挙兵を諦めなかったのは、当時関東各地で同じような挙兵計画が立てられており、挙兵すれば他の者たちもきっと続くはずだと考えたからであろう。

栄一は、挙兵を旧暦で冬至にあたり吉日と考えられていた文久三年一一月一二日と決め、渋沢家に迷惑をかけないために父市郎右衛門へ勘当を願い出た。具体的に何をするかは告げず、自らを国事に委ねるために家業は継がないと申し出た。市郎右衛門は、突然の勘当はかえって世間が怪しむから、ともかくは家を出るように言った。そして、栄一の行動については今後何も言わない、栄一が誠意を貫いて仁人義士と呼ばれるようになれば満足であると伝えた。

栄一が挙兵に向けて奔走していた時期、妻千代との間には長女歌子が誕生していた。千代はうすうす栄一が何か大きなことを計画していたことは気づいていたが、口に出すことはなかった。

父市郎右衛門の許しを得た栄一は、江戸へ出て準備を続ける一方、京都の情勢が気掛かりだった。そこで、坂下門外の変の後に京都へ身を隠していた尾高長七郎に使いを送り、江戸へ戻るよう伝えた。長七郎が戻ったのは、挙兵の期日が迫った一〇月二五日、二六日のことであった。

長七郎からもたらされた京都の情勢に、栄一たちは驚愕する。文久三年、京都では「八月一八日の政変」が起こり、長州藩や尊王攘夷派の公家たちが追放された。草莽の志士が蜂起した天誅組の変や生野の変は、相次いで失敗に終わっていた。この一連の流れを見てきた長七郎は、栄一に挙兵中止を迫った。惇忠宅に栄一、喜作、長七郎らの幹部が集まり、緊急の会合が開かれた。長七郎は、天誅組の変の失敗を引き合いに挙兵がいかに非現実的であるかを説くのだが、挙兵のために尽力してきた栄一は納得がいかない。たとえ敗れることとなっても、天下の同志たちが奮起する礎となれば本望と考えていた。長七郎はさらに、挙兵に失敗し賊として処罰されるのは口惜しいと説得を続けた。夜を徹した激論の後、朝になって栄一はようやく冷静さを取り戻し、中止を受け入れた。惇忠や喜作は栄一ほど中止に抵抗感がなかったようである。かつて、栄一たちに坂下門外の変への参加を勧めた長七郎が、今度は彼らを思いとどまらせたのである。

挙兵中止を決断、京都へ

挙兵中止を決断した栄一たちは、渋沢家や惇忠の家の土蔵に隠していた武具の処分を始めた。同時に、江戸で集めた同志たちには金子《きんす》を渡して慷慨組を解散した。金子は口止め料としての意味合いも持っていた。それでも、栄一たちは不安であった。関東農村を巡回し、取り締まりに当たる関東取締出役に挙兵計画が知られることを恐れたのである。発覚を防ぐためには、自分たちもできる限り早く血洗島村を離れる必要があった。栄一と喜作は、お伊勢参りと京都見物を名目として村を出ることにした。ただ惇忠には下手計《しもてばか》村の名主としての役割があった。不審を買わないよう三人そろっての遠出は避け、惇忠は長七郎とともに下手計村にとどまることになった。

栄一は、父市郎右衛門に京都へ出ることを申し出るとともに、武具の買い入れに藍葉買い付け代金を使ったことを詫びた。市郎右衛門は、すべて経費とみなし栄一の行動を不問とした。栄一は、金を武具買い付けに流用したことを隠していたようだが、父はとうにわかっていたのだろう。

市郎右衛門は、さらに京都に向かうのであれば家の金を持っていくように話し、金が足りなくなれば送金するとまで言った。栄一は一〇〇両を受け取り、喜作とともに一一月八日に血洗島村を出立した。栄一の運命は、京都で尊王攘夷とは全く違う道へとつながっていくことになる。

コラム1

血洗島の殿様　ルーツは静岡

栄一が武士を目指したきっかけが、故郷血洗島村の領主であった安部家から命じられた御用金の上納の一件にあったことはすでに第1章で述べた。栄一は、金を借りる側の武士が身分を振りかざし高圧的に臨んでくる態度に憤り、百姓の悲哀、無力感を味わったのである。その安部家と静岡の意外なゆかりに触れてみたい。

安部家の姓は静岡市葵区山間部の安倍が由来である。戦国時代、信濃国から井川へ移住し、今川氏に仕えていたが、今川義元が桶狭間で討たれた後、最終的には徳川家康に仕えた。天正一八年（一五九〇）、家康が秀吉の命によって江戸へ転封となると、安部家もそれに付き従った。三代将軍家光の時代には大名となり、武州岡部（深谷市）に陣屋を築いた。所領は、血洗島を含む岡部周辺の一〇カ村にまとまっていたが、ほかに大坂・京都・兵庫、さらに三河（愛知県東部）にも領地を持っていた。

小大名に過ぎない安部家にとって悩みの種の一つは、井川に残り「井川の殿様」と言われた同族海野家への資金援助であった。

海野家は、安部家と同様に信濃国から井川へ移住してきた土豪で、今川氏や徳川氏に仕えた。江戸時代初期には家康の下で、家康や家臣が消費する茶を井川で一時保管する「御茶壷御用」、鷹狩に使うタカの捕獲「御巣鷹御用」、安倍井川金山の管理「金山御用」を務めていたが、家康の死後御茶壷御用がなくなり、御巣鷹御用や金山御用も順次解かれて、江戸時代中期には実質的に没落したとみられる。一九世紀、文政・天保年間になると海野家は、安部家に対して合力金という名目の援助を求めるようになった。土地経営、山林経営の行き詰まりを理由に当初二〇両程度を要求していたが、次第に額が増え一〇〇両近くを求めることもあった。安部家は親戚である海野家の一大事を何とかしたいと援助を続け、海野家が地元駿府の豪農・豪商との養子縁組などをすれば、その都度多額の祝儀金も出した。しかし、味をしめた海野家が当主が若く健康であるにもかかわらず、さらなる養子縁組をたくらむようになると、安部家はそれを認めなかった。

一方、駿府を中心とした地域社会にとっても海野家の存続は重要事項だったようだ。

井川をはじめ、現在の静岡市域の大部分を支配していた駿府代官は、周辺の豪農・豪商に海野家相続のための講（一種の相互扶助組織）の結成を促した。さらに安倍郡の村々の代表である郡中惣代に対して、江戸の安部家屋敷へ出向いて海野家相続を願い出るよう呼び掛けていた。安部家は、海野家の状況を確認するため家臣を井川に派遣し、最終的に毎年五人扶持を出すことになった。

栄一の家に多額の御用金を命じていた安部家には、このような厳しい懐の事情もあったのである。

海野家に数多く残る戦国期から江戸時代初期の古文書には、家康のブレーンとして知られる本多正信や家康の十男で後に紀州徳川家の祖となる頼宣から出された書状も見える。中でも驚くのは、江戸時代に入って駿府城代、駿府代官、駿府町奉行らが着任の挨拶状を海野家宛てに出していて、多くが当主の海野弥兵衛に「様」付けだったことである。

往時の勢いを失った海野家ではあったが、幕末には隠居の信茂が中心となって井川に一〇〇名以上いた海野家に隷属する家来や高内百姓を使役して茶生産を行っている。信茂自身も製茶をしていたようで、彼の日記（『信茂日記』）には、静岡浅間神社の神職の前で製茶をやって見せ、親戚にあたる神職大井求馬にも製茶をやらせてみたとの記述がある。大名家や駿府在勤の武士たちが、その存続を心配し、「様」付けで呼んでいた家の当主自らが、百姓と共に茶を生産し製茶さえしていたという事実はにわかには理解しがたい。海野家の存在をどう規定するか、さらには江戸時代の身分制とは何だったのかということを考えずにはいられないが、その点についてはは稿を改めたい。

また、明治時代に清水港の国際貿易港指定に尽力したことで知られる海野孝三郎は、海野家から出ていることを付記しておく。

岡部藩安部家の祖・安部大蔵の墓
(静岡市葵区井川の龍泉院)

第2章　慶喜に仕える

1　一橋家へ取り立て

用人平岡円四郎との出会い

話を栄一が挙兵の準備を進めていた頃に戻そう。栄一は江戸で海保塾や千葉道場に出入りし、尊王攘夷の同志を集めるべく人脈を広げていたのは先に述べたとおりである。そのなかで出会ったのが一橋徳川家の家臣たちだった。後に栄一を幕臣に取り立てることになる一橋家用人の平岡円四《えんし》郎《ろう》、平岡に栄一を紹介した同家臣の川村恵《え》十郎《じゅうろう》である。

一橋家は田安家とともに、八代将軍徳川吉宗が将軍の世継ぎ候補を出すために自らの子を祖として立てられた。後に、九代将軍家重の息子を祖として成立させた清水家を加えた御三卿の一家である。賄料《まかないりょう》としてそれぞれ一〇万石が与えられ、一橋家の領地は関東と上方に点在していた。静岡県内との関係で言えば、寛政六年（一七九四）からしばらくの間、それまで島田代官領であった遠江国榛原郡と城東郡《きとうぐん》のうち八八カ村（吉田町、牧之原市、菊川市、御前崎市それぞれの一部にあたる）約三万石が一橋家の領地となっていた。

御三卿は、家康の末子たちを祖として成立した尾張、紀伊、水戸の御三家とは異なり、自前の家臣は少なく、幕臣からの転属で家臣となる者も少なくなかった。御三卿では家政運営を行う実力を持った人材を他所からスカウトする必要があったのだ。一橋家の用人として家臣団編成を任されていた平岡は、甲州街道小仏関所（東京都八王子市）の関所番であった幕臣（御家人）川村恵十郎を引き抜いた。その川村は、百姓や浪士であっても有能な人材は採用すべきとの考えを持ち、栄一と喜作を発掘した当人であった。ちなみに、川村に栄一と喜作を紹介したのは、韮山代官江川氏の手代を務め、後に韮山大参事・足柄県令となる柏木総蔵《そうぞう》（忠俊《ただとし》。以下、人名に続く丸カッコ内は別称や改名後の名前）である。

栄一と喜作の能力を高く評価した川村は、平岡をはじめとした一橋家の家臣らに栄一と喜作を召し抱えるように説得し賛同を得た。一方で大きな障害も残っていた。栄一と喜作が安部家の領民であり、召し抱えには安部家の了解を得る必要があったからだ。安部家は難色を示し、何かと理由を付けて拒んでいた。一橋家も、いったん召し抱えを諦める意見に傾くが、川村は平岡を説得し、安部家との交渉は続いた。そして、川村は栄一たちを平岡に引き合わせた。栄一たちの国家に尽くそうという心構えは平岡の心を大いに打ち、すぐさま、二人に慶喜のお供として京都へ同行するよう勧めたほどであった。

だが、当の栄一たちは仕官の話に即答できなかった。この時期、横浜焼き討ち計画の準備を進めている最中で、一橋家に出入りするのは、あくまでも倒幕の嫌疑をかけられることを回避するための便法と考えていたからであった。倒幕が目的である以上、徳川家の一門である御三卿に仕えることなど論外だったのだろう。

しかし、横浜焼き討ち計画を諦め、捕吏に追われる身となった栄一たちは江戸へ出て、平岡の屋敷を訪ねた。尊王攘夷の拠点である水戸へ赴き志士たちと交流を深めるとともに情報を集めた後のことだ。栄一は平岡から一橋家への仕官と京都同行を勧められた際、今は同行できないが追って京都に向かうので、その折は一橋家用人家来の名義を使わせてほしいと伝え、内諾を得ていた。尊王攘夷の志士たちによる挙兵が各地で相次ぎ、幕府が警戒を強めていたこの時期、血洗島村の百姓が物見遊山の旅で京都に行くというのはいかにも不審に思われてしまう。その点、一橋家用人家来の肩書で東海道を上れば、嫌疑を受ける心配はなかった。

先に京都に向かった平岡の留守宅を訪ねると、応対した平岡の妻は、夫から聞いているとして家来の名義貸しをすぐに了解した。すでに川村が準備を済ませてくれていたのである。こうして栄一と喜作は一一月一四日に江戸を出立するのだが、若気の至りと言うべきか、吉原にも繰り出して大いに羽目を外す。何と数日間で父市郎右衛門から預かった一〇〇両のうち二五両ほどを使ってしまっていた。

変節漢と誹られようとも

栄一と喜作は、文久三年（一八六三）一一月二五日には京都に到着した。三条小橋脇の茶久という旅籠屋に逗留し、まちの情勢を探るとともに尊王攘夷の志士たちと交流を深めた。しかし、初めての京都に二人は浮かれるままに、伊勢、奈良、大坂の名所旧跡を回る物見遊山を始め、またしても父から預かっていた金子を浪費してしまう。

到着から約二カ月が経過した元治元年（一八六四）二月、横浜焼き討ち計画断念の後に故郷血洗島で別れた長七郎から手紙が届く。それは、江戸小伝馬町の獄中から差し出されたものであった。栄一と喜作が一橋家を頼って京都に向かった後、長七郎は同志たちと江戸に向かう途中で殺傷事件を起こして捕縛されていた。

獄中からの書状が届く前に、栄一は長七郎へ書状を送っていた。そのなかで栄一は、「朝廷から外国との条約破約と攘夷実行を迫られた幕府はいずれ潰れるだろう。国家のために尽くすのはまさに今であるから、長七郎も京都に出てきたほうが良い」と書いた。運悪く、この書状も長七郎が捕縛された際に見つかってしまった。

栄一たちの身に危険が迫ることを何としても知らせようと、長七郎は牢番に金を渡していたのであろうか。書状は京都にいる栄一たちに無事届く。栄一と喜作は、長七郎の身を案じるとともに、迫りくる命の危険からどう逃れようかと思案を巡らせる。長州藩を頼ってみようかなどと、夜を徹して様々な策を考えた。朝になって平岡から急の呼び出しがかかった。出向いてみると、果たして呼び出しの理由は長七郎宛ての書状についてであった。二人が一橋家用人家臣を称していたため、幕府からの照会があったのである。平岡の前で二人は長七郎から書状が届いていることや、自分たちが長七郎に宛てた書状の内容について包み隠さずに話した。問題となった「早急に倒幕を成し遂げなければ日本は衰退する」というくだりは二人の持論であり、これが嫌疑を受けたのではないかと答えた。

平岡は、正直な返答に満足したが、人を殺したり物を奪ったりしたことはないか、念を押した。二人は一切ないと答えた。それを聞いた平岡は、改めて一橋家への仕官を勧めた。平岡は二人に「ただ国家のためと言って命を懸けても、真に国家のためになるわけではない。幕府随一の有為（才能がある）の方である一橋慶喜公に仕えれば、国家のために命を懸けようという心意気を慰めることができるだろう」と言う。これまで尊王攘夷の志士として倒幕運動に青春を懸けていた栄一たちに、一度冷静になって考えてみるよう諭したのである。疑いをかけられた栄一らを召し抱えれば、当然平岡も疑われるかもしれない。そうした危険を冒しても構わないとまで思うほどに、平岡は二人の能力を評価していたのである。

平岡の思いを聞いた栄一は、即答しかねるので相談してから返答すると伝え、一度宿に戻った。喜作は、これまで倒幕を目的に奔走してきたのに、今さら一橋家に仕えたら、世間から行き場所が無くなって窮したからだと言われるのではないか、と仕官を躊躇した。しかし栄一は、高山彦九郎と蒲生君平を例に挙げて自らの意見を述べた。両人はかつて林子平とともに「寛政の三奇人」に数えられ、尊王や外交問題に深い知識と関心を持っていたにもかかわらず人々に受け入れられなかった人物である。栄一は、喜作の意見通りに生きられれば潔いが、それでは世の中に対して何ら貢献できない。そのような生き方を自分は好まない。たとえ「変節漢」と誹《そし》られようとも、一橋家に仕えてみようではないかと説得した。それに仕官すれば、囚われの身となった長七郎を救い出すことができるかもしれないという理由も挙げた。

ほんの三カ月前には、命を捨ててでも横浜焼き討ち計画を遂行する覚悟だったことを考えれば、驚くべき豹変だが、現実をしっかり見つめることができたからこその決断だったともいえるだろう。結局、喜作も説得を受け入れ、共に一橋家へ仕えることとなる。身分も百姓から武士となり、栄一は渋沢篤太夫《とくだゆう》（栄一は明治に入り篤太郎と名前を改めた後、最終的には栄一に戻す。本書では、煩雑さを避けるため栄一で統一する）、喜作は渋沢成一郎と名を改めた。

有為の士を求めて

一橋家に仕えることとなった栄一だが、攘夷論を捨てたわけではなかった。水戸藩主徳川斉昭《なりあき》の息子である一橋慶喜が父の遺志を継ぎ、攘夷を実行すべきと考えていた。栄一と喜作を平岡に推薦した川村恵十郎も、将軍主導のもとに挙国一致で攘夷を行うべきとの考えの持ち主であり、栄一たちを「真の攘夷家」と評価していた。栄一が完全に攘夷を捨てることになるのは、後に慶喜の命を受けてヨーロッパへ旅立つ時であった。

さて、一橋家家臣として攘夷実行を成し遂げようと志す栄一と喜作は、仕官にあたり大胆にも慶喜に対して意見書を準備した。広く天下から優秀な人材を登用し、その能力に応じた任務を与えることが急務であるという内容だった。平岡を通して慶喜へ拝謁する機会を得た栄一は、幕府は潰れたも同然で一橋家が人材を集めて倒幕するしかないと力説した。

慶喜はただ黙って聞いていた。将軍後見職として京都に入った慶喜は、旧制・家格を重んじた幕府のあり方を刷新し、新制度を立てるべきという意見を持っていた。栄一の考えは急進的ではあったものの、幕府の存亡よりも国家の存亡を大事に考えている点で、興味をひいたであろう。

栄一と成一郎は当初、「小人使之者《こびとつかいのもの》」として召し抱えられ、「奥口番《おくぐちばん》」（一橋家屋敷奥への入り口の番人）と「御用談所 調 方下役出役《ごようだんしょしらべかたしたやくしゅつやく》」を命じられた。御用談所とは、一橋家の外交・周旋・探索活動を担当し、京都では朝廷・幕府・諸藩の情報収集を担当する慶喜の政治活動にとって重要な役割を果たす部署であった。調方頭取は栄一らを平岡に紹介した川村であり、栄一たちは川村のもとで周旋や探索活動で活躍することが期待された。栄一は、幕府の失政を糾弾して事を起こすのは長州藩と薩摩藩であろうと見ており、薩摩藩士の探索を入念に行って結果を平岡に報告していた。

また、慶喜に意見書で提出したような人材登用のため、栄一は出身地の関東で一橋領を回って有為の士を出仕させようと考えた。すでに、一橋家では平岡や川村によって栄一のような人材が多数召し抱えられていた。栄一は、関東で剣術家や学問を学ぶ有能な者をさらに多く連れて帰ると大見得を切った。喜んだ平岡は栄一らに関東へ向かうよう指示した。

栄一としては、これを機にかつて横浜焼き討ち計画に参加していた同志たちを再結集し、一橋家家臣として攘夷を実行させる腹だったのである。また、捕らわれている長七郎の救出をも画策したが、人を殺めた以上出獄は容易ではなく、他日を期すこととなった。この時期、慶喜の故郷水戸藩で起こった天狗党の乱も妨げとなった。多くの志士が参加したため、思うように同志を集めることができなかったのである。栄一と成一郎は、自分たちが一橋家に仕えるきっかけとなった江川代官手代の柏木総蔵とも面会を重ね、同志となる人物の周旋も依頼している。

この関東行きの途中、栄一たちは家族との再会を果たした。安部家領内に入ることは憚られたため、栄一と成一郎それぞれの父（市郎右衛門と文左衛門）とは妻沼《めぬま》村（埼玉県熊谷市）で会っている。その後、江戸や関東で同志を集めた栄一たちは、京都に向かう途中で深谷宿近くの宿根《しゅくね》村（埼玉県深谷市）で妻の千代と長女の歌子と再会した。その折、栄一ら一行は安部家の拠点である岡部陣屋の前を通過しているが、役人は一橋家の威光の前に阻止することはできず、一行をただ見送るのみであった。

栄一が関東で同志を募っていた頃、京都から悲報が届く。一橋家仕官の恩人平岡が六月一六日に暗殺されたのである。慶喜が攘夷に腰を上げないのは、開国論を唱える平岡が籠絡したからに違いないと敵視した攘夷派が、平岡が一橋屋敷に戻るところを襲ったのだ。平岡は即死し同行していた川村も手傷を負ってしまう。平岡襲撃の十日ほど前、六月五日には新選組が尊王攘夷の志士たちを襲った池田屋事件も起きており、これに怒った長州藩が七月には京都市中に乱入し、禁裏御守衛総督となっていた慶喜指揮のもと、会津藩や薩摩藩との間で激戦となった。長州藩は御所に向けて発砲したため（禁門の変）、追討の勅命が下り、長州藩は朝敵に転落、第一次長州征伐が始まった。

農兵育成と財政再建

慶応元年（一八六五）正月、栄一は小十人並に昇格した。前年の禁門の変や天狗党の乱を経て兵力不足を痛感した一橋家は、軍備強化が急務と考えていた。幕府から与えられた兵力はあくまでも出向であり、幕府の都合次第でいつ引き揚げられるかわからなかった。栄一が関東で同志を募ったのも、一橋家の軍備強化の必要性からであった。関東で十分な成果を挙げられなかった栄一は、一橋領の四分の三を占める関西に目を付ける。歩兵取立御用掛を命じられ、備中・摂津・和泉・播磨などから数百人の農兵を徴発した。

同年九月、栄一は勘定組頭として財政を担当、成一郎は軍制所調役組頭として軍事面を担当するようになり、二人は別行動を取るようになっていく。栄一が打ち出した財政再建策は、①年貢米販売先の変更②木綿の専売制施行③硝石製造所の設立。具体的には次のとおりである。

①年貢米販売先の変更　従来は上質な播磨の一橋領の年貢米を兵庫の米市場に委託販売するだけであったのを、酒造米として上質な米を必要としている灘や西宮の酒造業者に直接取引することで、高値で売却しようとした

②木綿の専売制施行　同じく播磨の一橋領の特産品である木綿について、藩が独占的に買い集めて大坂で販売する専売制を施行し、利益を上げようとした

③硝石製造所の設立　備中の一橋領で豊富に産出する火薬原料の硝石に目を付けた。動乱で需要が高まりつつある硝石の製造、販売を手掛けて財政を好転させようとした

このように栄一は、かつて故郷血洗島村で藍玉の商売をしながら培った商才で、一橋家の財政をも好転させようとしていた。しかし、またしても予期せぬ事態が起こり、栄一は一橋家家臣という立場を失うことになる。

主君の将軍就任に反対

慶応二年（一八六六）七月二〇日、第二次長州征伐のために大坂城に入っていた一四代将軍家茂《いえもち》が死去する。跡継ぎがいなかったため、しばらくの間、将軍は空位のままとなった。目まぐるしい情勢変化を考えれば、将軍職が務まるのは慶喜以外にいないことは、衆目の一致するところだったが、慶喜は就任を固辞し続けた。その背景には、幕府内部の強い反発があった。慶喜は文久三年（一八六三）の上京以来、朝廷の権威を借りて京都で勝手な行動を続けているという不満が幕府首脳のなかにあり、将軍就任を受け入れることには危険が伴ったのだ。

慶喜の将軍職就任を反対する声は、一橋家内部にもあった。栄一もその一人で、平岡の死後に一橋家用人となった原市之進に対して将軍就任阻止を働き掛けた。栄一は次のように主張した。

やがて幕府が倒れることは目に見えている。家屋に例えれば、土台や柱が腐り、屋根二階も朽ちた大きな家のようなものである。大黒柱を取り換えても手遅れの状態で、こんな時に将軍職を継いでしまえば慶喜は死地に陥る。最善の策は、徳川一門から幼君を迎えて将軍を継がせ、慶喜自身は補佐役にとどまることだ――。

栄一が慶喜の将軍就任に強く反対したのは、慶喜の身を案じただけでなく、慶喜のもとで国事に尽くすという自らの思いが断ち切られることを恐れていたからでもあった。幕府が倒れた後は、薩摩藩などを中心とした雄藩大名の連合による「豪族政治」の体制になると栄一は考えていた。徳川一門の中で雄藩大名と渡り合えるのは慶喜しか考えられない。慶喜に政権への影響力が残っていれば、自分の意見を国政に反映させることができると考えていたのである。だからこそ、慶喜の命運が尽きることを意味する将軍就任を、何とか阻止したいと懸命だった。

用人の原も、栄一と意見を同じくし、栄一を慶喜に拝謁できるよう取り計ろうとしたが、実現できないまま慶喜は老中や大目付の要望を受ける形で将軍職継承の意思を示し、一五代将軍の座に就いた。栄一の思いはついに届くことはなかった。

将軍就任が近づくと、一橋家家臣の中で幕臣に取り立てられる者が出てきた。用人の原は幕臣となり目付に抜擢され、栄一や成一郎も同じく幕臣に取り立てられた。栄一は陸軍奉行支配調役に任命されたが、慶喜の将軍職継承によって自らの思いが絶たれたことを悲観するあまり、仕事が手に付かなかった。頼みの慶喜は今や将軍であり一橋家当主だった頃のように拝謁することなどかなわない。主君との距離は遠くなっていった。

当時の認識としては、百姓に生まれながら徳川御三卿の一橋家に仕え、今また幕臣に取り立てられた栄一は大出世を果たしたということになるが、当の栄一と成一郎にとってはそうではなかった。二人は、幕府の命脈はもってあと一、二年と考えており、幕府が倒れた後は自分たちの栄達の道は絶たれると考えていた。そして、二人は再び浪人に戻ることを覚悟した。しかし、事態はまた急転する。栄一に対して、突然のフランス行きの話が舞い込んできたのである。

2　ヨーロッパで見たもの

フランス行きの命下る

慶応三年（一八六七）一月、パリで開催される万国博覧会に慶喜の名代として異母弟の昭武《あきたけ》が派遣されることが決まる。万博が終了した後は、そのままとどまって約五年間の留学をさせる予定であった。出発に先立ち、慶喜は昭武に御三卿清水家の跡を継がせた。将軍を継ぐ資格のある御三卿の当主とすることで、昭武の将軍名代としての地位に箔を付けるためであった。

水戸徳川家出身の昭武には水戸藩から七人の藩士が随行することになったが、水戸藩は言わず

徳川昭武
（国立国会図書館ウェブサイト）

と知れた尊王攘夷の本拠地であり、彼らをフランスに行かせれば現地でいらぬ問題を起こしかねなかった。そこで抑え役となる人物として栄一に白羽の矢が立った。かつて、栄一が攘夷論者であったことを知る元一橋家家臣の中には、随行を危険視する者もいたが、この人選は慶喜直々のものであったといわれる。一橋家に仕えて外国の軍備などの情報を知るに至り、栄一は攘夷が不可能であることを痛感していた。慶喜は、栄一がすでに攘夷を捨てていたことを見抜いていたのである。

栄一自身は、外国で修業を積むことで帰国後に力を発揮することができるだろうと考えていた。フランス行きの命が下ったことは、その後生涯続くことになる慶喜に対する忠誠心を決定づけた出来事であった。

早速栄一は準備に取り掛かる。外国での任務であり、帰国は何年も先になることから、後に残す一族のことが心配であった。地元血洗島以来苦楽を共にした成一郎と会って、思いを伝えた。自分はフランス行きの幸運に恵まれたが、幕府は風前の灯火であり、もう先は長くない。亡国の臣となることは避けられないだろうが、死後の恥は残さないようにしたいものだ…。そう別れの挨拶を告げた。父市郎右衛門にはフランス行きを書面で伝えた。

最も気掛かりなのは実家渋沢家であった。当時、栄一と妻千代との間には女子の歌子しかいなかったため、万一に備えて千代の弟平九郎を養子にとった。平九郎は、弘化四年（一八四七）生まれで、栄一より七歳下。神道無念流を学び剣の腕は確かで、さらに兄の惇忠や長七郎の影響を受けて尊王攘夷の志も厚かった。皮肉にもこの渋沢家の尊王攘夷思想が、後に彼の死を早めることになる。

最先端技術を目の当たり

栄一は、慶応三年（一八六七）正月一一日、横浜港を出発した。昭武に随行したのは総勢二八人であった。搭乗したのはフランス船アルヘー号で、当時のフランス公使ロッシュが見送りに駆け付けた。一行にはドイツ人シーボルトが通訳として同乗し、栄一はヨーロッパへ着くまでの間、シーボルトからフランス語を学んだ。

ヨーロッパ諸国歴訪中に栄一は、公私の日記を欠かさずに付けていた。『航西日記』『巴里御在館日記』『御巡国日録』がそれである。例えば、船中の食事は二回（朝・夜）、茶は三回（朝・昼・晩）などと記し、船中の様子やヨーロッパでの出来事をつぶさに知ることができる貴重な史料になっている。

横浜出発から、上海、香港、サイゴン、シンガポール、セイロンなどに寄港しながら、スエズからは鉄道でアレキサンドリアまで進んだ。そこから、海路でフランス南部の港町マルセイユに向かった。一行は三月七日にパリに入り、二四日にはフランス皇帝ナポレオン三世の謁見を受け、慶喜からの国書を奉呈した。すでに万国博覧会は開催中で、栄一たちは万博の式典に出席し、各国の出品物を見学するとともに、凱旋門をはじめとしたパリ市街を視察した。

その後、八月六日からスイス、オランダ、イタリア、イギリスを歴訪した。訪問先では各国王の謁見を受け、続いて軍事施設や造船所、製鉄所、工場など当時産業革命によって変貌を遂げた最先端の技術を目の当たりにした。栄一は特に、鉄道、マスメディア、オペラ、病院、公債の便利さなどに興味をひかれた。後の実業活動に大きな影響を与える合本主義を知ったのもこの時であった。ヨーロッパ歴訪は、後に実業家として活躍する栄一の大きな財産となった。

各国歴訪が終了し、一一月二二日にフランスへ戻ると、いよいよ昭武の留学生活がスタートした。朝食前に乗馬の稽古を行い、朝食後に午後まで語学や文法の稽古をした。栄一は、昭武の留学中に会計と庶務を担当した。信書の代筆や給与支払い、物品購入も栄一の担当であった。

昭武の留学期間は五年の予定であり、栄一のフランス滞在も同じ期間となる予定であった。しかし、日本国内の情勢激変はそれを許さず、結局滞在は一年足らずで終わる。懸念していたとおり、幕府は倒れ慶喜は朝敵となってしまう。

3　激変する日本の情勢

書状で徹底抗戦訴え

昭武が本格的な留学を開始した慶応三年（一八六七）一一月、日本では幕府が倒れ、慶喜は将軍職を自ら退いた。大政奉還が行われたのである。パリにいる栄一たちに幕府の御用状が届いたのは慶応四年正月二日のことであったが、栄一たちはそれより早い段階でフランスの新聞から大政奉還の情報を得ていた。大政奉還後の情勢もまたフランスの新聞で把握していた。江戸には当時、各国の公使館があり、横浜や長崎などの開港場にあった領事館や外国商人たちがつかんだ情報は、新聞で報道されていたのである。栄一たちは最初、記事を信じられなかったが、幕府からの御用状が届くに至り確証を得た。

この頃の日本の状況を確認しよう。慶喜は、王政復古を唱える西郷隆盛や岩倉具視の動きを察知し、自ら将軍職を降りて大政奉還を行うことで政局の主導権を握ることを企図した。しかし、西郷らは長州藩や土佐藩、徳川一門の尾張藩などを巻き込んだ王政復古のクーデターを敢行した。大坂城に入った慶喜率いる徳川方とのにらみ合いが続いた後、慶応四年（一八六八）一月三日に鳥羽・伏見の戦いが始まった。この最中、「錦の御旗」が掲げられたことで慶喜は朝敵となり、戦意を失って大坂城を脱出した。二月一五日には有栖川宮熾仁親王《ありすがわのみやたるひと》を東征大総督とする慶喜追討軍が京都を進発した。

栄一たちが鳥羽・伏見における敗戦や慶喜の大坂逃亡を知ったのは、またしても新聞による情報からで幕府の御用状に先行していた。栄一は、徳川家や慶喜が朝敵となったことを悲しんだが、それ以上に大坂城にこもっていた徳川軍に対する怒りを爆発させた。徳川軍の武力は、新政府軍と比較しても決して見劣りするものではなく、しっかりとした戦略があれば十分戦うことはできたはずだった。栄一は、昭武の書状を代筆するなかで徹底抗戦を迫った。まともに戦えば薩摩長州にも負けることはなく、勝ってしまえば今度こそこちらが官軍となると訴えたのである。

大坂城を脱出した慶喜は一月一二日に江戸へ戻り、二月一二日には江戸城を出て徳川家の菩提寺である寛永寺に入り謹慎、恭順の意を示した。一方で、東征大総督は三月五日に駿府に到着し、翌日には江戸城総攻撃が同月一五日と決まる。しかし、勝海舟が派遣した山岡鉄太郎（鉄舟）が総督府参謀西郷と駿府伝馬町で会談を持ち、慶喜の助命に関する交渉が始まった。

余談だが、東征軍を迎えた駿府では、駿府町人たちが「東征軍に尽くせることを誇りに思う、何でも協力する」という書簡を提出しているが、数カ月後に徳川家の静岡藩が成立することが決まると、「やはり駿府は家康公以来の徳川家ゆかりの町ですから、徳川家の帰還を嬉しく思います」と何とも調子のよい心変わりを見せている。

話を戻そう。二月一三日に江戸の薩摩藩高輪屋敷に入った西郷は、勝海舟との会談に臨み、江戸城総攻撃は延期となった。その後、慶喜の助命も決定する。四月一一日に江戸城は東征軍に明け渡された。慶喜は、謹慎中の寛永寺を出て水戸に向かい、水戸で謹慎生活を始める。

パリ滞在を続けていた栄一たちに、新政府からの帰国命令が下ったのは三月二一日付で、届いたのは五月一五日だった。一七日には慶喜たちが水戸に向かったことも知る。昭武は二七日付で命令に対する請書（承諾書）を作成した。

栄一たちは、江戸で戦いがあり彰義《しょうぎ》隊（渋沢成一郎ら幕臣が徳川慶喜の警備などを目的に結成した部隊）が敗北したことも知る。そして、九月四日に昭武一行はフランスを離れる。横浜港に到着したのは、一一月三日のことである。日本を離れていた一年一〇カ月あまりの間に、日本は大きく変わってしまっていた。

新政府軍と戦った渋沢一族

栄一がフランスに滞在していた間、幕府は倒れ将軍職は廃止となり、天皇を頂点とした新政府が京都に誕生した。元号は慶応から明治へ、江戸は東京と改められた。着実に新しい時代は動き始めていたが、幕府から新政府への政権交代が完了するまでには、まだ「戊辰戦争」と呼ばれる一連の戦いが残っていた。

栄一が帰国したのは戊辰戦争の戦闘があらかた終了していた時期だが、もしも日本に残っていたなら確実に徳川方として戦いに加わっていたであろう。渋沢一族では、従兄弟で栄一の学問の師でもある尾高惇忠《おだかあつただ》、ともに一橋家に仕えた渋沢成一郎、栄一の養子となった平九郎が徳川方として戦っていた。

栄一が不在の間、かつて行動を共にしていた成一郎は、御目付支配書記役となり、朝廷や公家への使者を務めるなど、慶喜のもとで奔走した。鳥羽・伏見の戦いにも出陣、薩摩・長州藩兵との戦いで鉄砲傷を負う。さらに、幕府の機密書類を扱う奥右筆《おくゆうひつ》格に昇格した成一郎は、この時期、慶喜側近の一人と言ってもよい立場にあった。

慶喜が上野寛永寺で謹慎生活に入ると、慶喜の新政府軍への恭順路線に不満を抱く幕臣たちが彰義隊結成に向けた動きを始める。成一郎は、尾高惇忠の勧めで当初は渋っていた会合に参加するようになる。成一郎としては、手持ちの兵力を保つことが慶喜の助けになると考えていたが、彰義隊に参加した他の幕臣たちは、慶喜側近の成一郎を仲間に加えることで隊の権威、信用を高めようとしていた。

彼らの多くは江戸開幕以来の幕臣ではなく、幕末に金納などによって武士身分を買い、農民から武士になった豪農出身の「にわか武士」たちであった。この「にわか武士」らによって慶喜を奉じる彰義隊の結成は進み始める。慶喜側近の成一郎が参加したことで、同志結集に弾みがつき、隊士の数も膨れ上がった。

徳川家は彰義隊の動きを懸念してはいたが、江戸市中の治安維持を命じた。徳川家から篤い庇護を受けていた寛永寺が彰義隊を境内地に迎え入れ、活動拠点を提供した。成一郎は頭取となり、平九郎も彰義隊に参加。ここに惇忠、成一郎、平九郎の渋沢一族が結集した。

慶喜は、不満を持つ者たちの抑え役となることを成一郎に期待した。そして、暴発しそうな彰義隊の力をそごうと、江戸市中の治安維持を命じた。結局、彰義隊は過激な行動を起こすことはなかった。四月一一日の江戸開城とともに、慶喜は幕臣五〇〇人を連れて謹慎先の水戸へと向かった。彰義隊は見送りの供をし、成一郎はさらに松戸まで見送った。

慶喜の水戸謹慎を受けて、成一郎は彰義隊の江戸退去を提案するが、慶喜と関係が薄い他のメンバーの反感を買ってしまう。後年、成一郎は、新政府軍に従う幕府に不満を抱く者も彰義隊に参加したため、不穏な状況になっていったと回顧している。実際、先に見たように彰義隊には「にわか武士」が多く、幕府が倒れてしまうことで自分たちの立場がなくなってしまうことを恐れていた。

彰義隊を抜けた渋沢派は振武《しんぶ》軍を結成し、拠点を田無村（西東京市）に置いた。成一郎たちが田無村に来ると、成一郎を慕う同志たちが集まり四〇〇人ほどになった。

彰義隊は五月一五日に新政府軍と衝突する（上野戦争）。新政府軍に敗れた彰義隊の残存兵は振武軍と合流した。二三日の未明には飯能《はんのう》戦争と呼ばれる振武軍と新政府軍の戦いが始まる。激闘の末敗れた振武軍は戦場からの脱出を始めた。成一郎と惇忠は北へ向かい、上野国の伊香保や草津に潜んだ。その後、惇忠は故郷に戻ったが成一郎は榎本武揚と合流し蝦夷《えぞ》地へ向かった。明治二年まで成一郎は新政府軍に抵抗を続けたが、最後は降伏して東京へと護送された。

平九郎は飯能戦争の最中、惇忠や成一郎とはぐれて山中に逃げ込んだ。追手に囲まれ傷を負った平九郎は、路傍の石に座り込んで腹を切った。追手の兵士たちは平九郎に銃を乱射し、刀で首を落とした。数えで享年二二であった。

4　失意の帰国

六年ぶり父と再会

フランスを出発した栄一たちは、一一月三日に横浜港に入った。栄一は横浜の友人から成一郎が榎本武揚とともに箱館（函館）に向かったことを聞いて失望した。すぐに成一郎へ書状を送った。その内容は、烏合の衆に加わったところで先は見えている、もう生きて会うこともないだろう―というものだった。昭武は東京に到着した後、水戸へ向かった。すでに水戸家を継ぐことが決まっていた。昭武と別れた栄一は横浜で帰国事務をこなした後、一一月七日に東京へ向かい、水戸藩小石川上屋敷で残務処理を行う一方で、横浜との間を何度も往復した。

栄一は東京で日本から離れていた間に起きた出来事を聞くが、どれも不愉快で断腸の思いを抱かずにはいられないものばかりであった。なかでも、尾高長七郎の死は栄一にとって痛恨の出来事であった。四年もの間牢獄生活を送った長七郎は、この年にようやく解放されたが、体と心がむしばまれていた。故郷で療養していたものの、一一月一八日に亡くなった。

長七郎は、横浜焼き討ちを考えていた栄一を思いとどまらせてくれた恩人であり、文武に優れた人物でもあった。栄一は、長七郎が新時代で生かせなかった、その才能を悼んだ。

東京滞在中、栄一は故郷血洗島に帰郷する計画を立てていた。故郷を文久三年（一八六三）に離れ、実に六年もの間家族と顔を合わせていなかった。栄一は帰郷の予定を知らせる書状を実家に送ったが、逆に父の市郎右衛門が上京してきた。

六年ぶりの再会を果たした市郎右衛門は、栄一の無事を喜ぶとともに今後の身の振り方を尋ねた。栄一は、今から函館へ行って脱走の兵に加わるつもりもなければ、新政府に媚びて仕官を求める気にもならない。せめて駿河に移住して慶喜の傍らで生涯を送りたい。ただ、他の旗本のように静岡藩（明治二年六月までは駿河府中藩だが、煩雑さを避けるため本書では静岡藩で統一する）の憐みを頼るようなことはせず、何か生計を立てていきたいと答えた。

栄一は、他の多くの幕臣と同じように駿河への移住を望んだが、彼らと大きく異なったのは藩士として仕えるつもりはなかった点である。あくまでも自分で生活の糧を見つけ、慶喜の行く末を近くで見守りたいだけであった。そのためには、何もすることがなければ百姓でも何でもするとまで割り切っていたのである。

二七日に市郎右衛門は東京を離れて血洗島に戻っていった。栄一は一二月一日の夜に文久三年以来の帰郷を果たした。親類縁者たちが栄一を訪ね、栄一は皆と語り明かした。栄一は、七日の朝には家族の見送りを受けて血洗島を出立した。

謹慎中の主君に拝謁

栄一は一二月八日に東京へ戻り、残務を済ませてから一四日に東京を出立した。一九日に静岡に到着し、翌二〇日に駿府城へ登城した。

静岡に来たのは、昭武から託された慶喜宛ての書状を手渡すためであった。昭武は直接対面したいところではあったが、慶喜は謹慎中の身、昭武は水戸藩主となった以上、会うことは憚られた。昭武は書状に書ききれない思いを伝えたいと栄一を遣わしたのである。

栄一は二三日に、宝台院で謹慎中の慶喜に拝謁した。拝謁の場で、座布団も敷かず畳の上に直接座した慶喜の姿を見た栄一は、平伏したままでしばらく

宝台院は江戸時代、駿府の寺院で徳川家から最も篤い庇護を受けていた（静岡名勝、静岡県立中央図書館蔵）

頭を上げることができなかったという。ほんの少し前まで幕府の将軍であった慶喜の身をやつした姿を目の当たりにして嘆き悲しむとともに、なにがしか言上せずにはいられなかった。しかし、慶喜はそれを遮ってフランスでの昭武の様子を報告するように命じた。後年、栄一はこの時のことを回顧し「誠に慶喜公はあんな場合には人情があるのか無いのかそれとも感じがあるのか、無いのか、と思われる方である」と語っている。

拝謁を終えた栄一は、慶喜の昭武宛ての返書を携え、今度は水戸へ取って返すつもりだった。しかし、またしても栄一の運命を変える命令が下るのである。

コラム2

幕末・維新の立役者との邂逅

幕末を一橋家家臣、さらに幕臣として過ごした栄一は、維新の立役者たちとの邂逅《かいこう》も多い。

一橋家家臣として栄一が財政再建に取り組んでいた頃、交流した人物の一人が西郷隆盛であった。その時代、若い武士の間では時の有名人を訪ねて意見を聞き、互いに時事を論じることが流行《はや》っていた。栄一も例外ではない。後に西郷との出会いを回顧している。

西郷隆盛
(国立国会図書館ウェブサイト)

それによると、西郷は攘夷や藩政改革、幕政改革について思うところを語ったという。彼の論は、譜代大名を老中に任命し、老中を中心とした幕政のシステムを改め、大藩の藩主の政治参加を目指すものだった。これは薩摩藩の方針であり、いわゆる「雄藩連合」の考え方であった。西郷は、「聡明な一橋慶喜公に徳川一門の代表として雄藩連合の中心となってもらいたいが、慶喜には決断力が欠けるところがある」と不安を口にした。

当時、薩摩藩をはじめとする雄藩主導で幕政を運営されることに、慶喜も幕府も強い警戒心を持っていた。慶喜は心ならずも破約攘夷・横浜鎖港を唱えることで雄藩が参加する参与会議を解体。さらに禁裏御守衛総督として朝議を主導し、雄藩の国政進出を阻止していたのである。

薩摩藩にしてみれば、慶喜は幕政進出への妨げであり、排除しないまでも協力関係を築く必要があった。西郷は、百姓出身で志を立てて一橋家に仕えた栄一を評価し、会うことで薩摩側の意思が内々に慶喜に伝わることを期待していたのかもしれない。別れ際、今後も会いに来るよう声をかけられたという。この二人は明治維新後、栄一が新政府に出仕するに及んで再会することになる。

慶喜が一五代将軍となり、栄一は幕臣となって京都に置かれた陸軍奉行所詰所に勤めた頃、国事犯の嫌疑がかかった旗本の捕縛に新選組と共にあたったことがあった。嫌疑を受けたのは、御所の警備担当書院番士の大沢源次郎である。多数の共謀者がいて鉄砲大砲も用意していたという情報があり、陸軍奉行所だけで捕縛するには不安があった。そこで新選組も同行することになり、陸軍奉行所からは栄一が出役した。

この時、栄一は打ち合わせのため、京都町奉行所で新選組局長近藤勇、副長の土方歳三と会っている。土方率いる新選組隊士を連れて捕縛に向かったが、そこで栄一と新選組がもめた。栄一は、大沢へ奉行の命により捕縛することを伝えた上で召し捕ってほしいと頼んだが、新選組隊士たちは、大沢が命を無視していきなり切りかかってきたらどうすると言って聞かない。栄一は新選組に軽く見られたのである。

土方歳三
(国立国会図書館ウェブサイト)

実際の捕縛の折、栄一は切りかかってきたら自分が相手になると新選組隊士に言い放って、隊士らを外に待たせたまま土方と共に大沢の家に入った。奉行からの命を伝えると、栄一はすぐさま大沢の刀を取り上げて捕縛した。そして身柄を新選組に引き渡し、京都町奉行所まで連行させたという。血気盛んな若き日の栄一の姿をうかがわせるエピソードであろう。

第3章　「駿府」から「静岡」へ

1　城主不在のまち

「大御所時代」の繁栄と終焉

渋沢栄一が、やってくることになった当時の駿府はどのような場所であったのか。少し遠回りするが、江戸時代初めにさかのぼって町の発展の様子を見てみたい。

天下分け目の関ケ原の戦いに勝利し、慶長八年（一六〇三）に幕府を開いた家康は、わずか二年後には将軍職を息子の秀忠に譲り、自身は幼少期からの思い入れのある駿府に移住した。「大御所家康のまち駿府」は空前の繁栄を見せていた。駿府に居を定めた理由については諸説があるが、大御所家康の信頼が厚かった浄土宗僧侶の廓山《かくざん》（家康の御前で行われた法論が評価され、横内町の来迎院を与えられたことで知られる）が、大坂冬の陣に向かう家康に同行した際に、直接本人から聞いたことをまとめたとされる「供奉記（慶長一九年冬御陣廓山上人袖中日記）」には、その思いが以下のように記述されている。

①駿府は我が子（十男頼宣＝後の紀州徳川家の祖）の城だから落ち着く

②駿府はゆくゆく京・大坂にも勝る大都市に成長するに違いない
③駿府は京都から江戸に向かう中間地点にある
④海が近く、山の幸と海の幸がいくらでも手に入る
⑤諸大名に命じて造らせた駿府城は大坂城にも勝る名城である
⑥行く末は駿府に大寺院を建立したい

家康はこのように駿府の発展の可能性を買っていた。当時の人口は、来訪した外国人が残した記録によると一〇万〜一二万人であった。開発途上にあった江戸は一五万（江戸時代後期には一〇〇万都市となる）。京都三〇万、大坂二〇万人という数字には及ばないが、全国有数の都市だったことは間違いない。

大御所家康在城当時の駿府は、まさに日本の政治の中心地というべき場所であった。町には武家屋敷が立ち並び、家康に謁見を求める武士や公家、外国人など多くの人々が引きも切らなかったであろう。

江戸をもしのぐ隆盛を極めた「駿府政権」だったが、家康の死によって解体されてしまう。家康が持っていた一切の権限は将軍秀忠の下に集約され、政権を支えた側近たちの多くは加増された

上で江戸に屋敷を与えられたものの、実質的には暇を出されたに等しかった。駿府政権の中心であった駿府奉行衆は、家康の子である義直・頼宣らの附家老としての任に専念し、幕政へ直接関与することはなくなっていく。慶長期に絶大な財力と権勢を誇った大久保長安は家康の死より早く、慶長一八年（一六一三）に病死、秀忠の元に置かれていた本多正信は家康を追うように元和二年（一六一六）六月に没した。駿府政権崩壊後も秀忠に仕えた人物として金地院崇伝《こんちいんすうでん》と本多正純が挙げられるが、崇伝は外交文書や幕府の諸行事や儀式について尋ねられるのみで政治的発言力は失われた。本多正純も、しばらくは秀忠政権で発言力を維持したが、土井利勝ら秀忠子飼いの重臣が成長してくると次第に力を失い、最終的には改易となった。

城下の町割り

駿府は、戦国大名今川氏の時代には既に都市としての機能を有していたといわれる。家康は大御所にふさわしい城と町に造り替えようと、城郭拡張の普請とともに城下町の整備に着手した。城下町を建設するにあたっては、安倍川の氾濫から町を守ることが第一であった。当時の安倍川は、賤機山《しずはたやま》の南端から平野部にいくつもの流れが交わっていた。そうした流れを駿府城下の西側に固定し、防衛上の備えにもなるよう企図された。重要な役割を果たしたのが、賤機山南端の妙見神社から南に向かって築かれた、「薩摩土手」と今日呼ばれている堤防である。その呼称は、薩摩藩の御手伝普請によって造られたように思わせるが、同藩が関与したことを明確に示す史料はなく、江戸時代後期に編まれた地誌『駿河国新風土記』（新庄道雄著）にその記述が現れるのが最初である。

駿府城下町の建設について、同じく『駿河国新風土記』には「（慶長）十四年彦坂九兵衛光政、畔柳寿学を奉行として縄張して今の町を割らしめ給ひきといふ、しかして今の町の成れるは友野宗善が力なり」としている。しかし、この記述も『駿河国新風土記』が後年の編さん物であるという性格を考えれば、信頼の置ける記録とは言い難い。やはり、駿府城下町の建設は駿府城の拡張とともに慶長一三年（一六〇八）頃から行われたのであろう。

駿府城下は、江戸時代の他の一般的な城下町と同じく、武家とそれ以外の商人・職人らの居住地が区分され、商人・職人らは同業者ごとに集住していた。家康在城時の駿府の城下町のうち、武家屋敷は城内二の丸に重臣屋敷、大手門前から城を取り囲むように上級家臣の屋敷が配置されていた。また、城の南西方向の安倍川近くにも武家地があった。現在、一番町など「～番町」と称される一帯は下級武士の屋敷があった場所である。

駿府の町人地は、俗に「駿府九六ヶ町」と称され、それは家康によって設定されたとされている。しかし、これも近世中後期に成立する地誌や、駿府町人たちが作成した文書に見られる表現で、近世初期の段階で具体的にどの町が存在していたのか、また、近世中後期段階でも、どの町を数えているのか定かではない。一説では、寛永期に「駿府九六ヶ町」の原型が示され、元禄となってその呼称が定着したとされる。

駿府徳川藩の変転

駿府政権が消えて、駿府への求心力は低下したが、それでも幕府にとってその存在は大きかった。背景には、家康によって成立した「駿府徳川藩」の存在があった。家康は、一門や譜代の家臣を次々と大名に取り立てた。関ケ原の戦いによって改易された大名は八七名、これに除封された大名三名を加えると没収高は六二二万一六九〇石に上った。ここから六八名の一門・譜代大名が創出されたのである。

後に徳川御三家の一つ紀伊徳川家の始祖となる家康の十男頼宣は、慶長一四年（一六〇九）から元和五年（一六一九）まで、駿府城主として五〇万石を領していた。初め頼宣は慶長八年に病没した家康五男信吉の遺領である常陸国水戸を嗣いだが、家康の当初方針は、水戸と同じ常陸国で加増する予定であった。家康は、これを将軍秀忠に諮問した。秀忠がどのような意見を持ったかは不明だが、同年一二月二四日、頼宣は駿河・遠江五〇万石へ転封される。結局、頼宣は水戸には一度も入部することなく、家康と同じく駿府城で生活していた。頼宣が駿府城主となったことで、駿河・遠江に駿府徳川藩が成立した。

頼宣は慶長七年（一六〇二）生まれで、当時まだ八歳と幼少であった。自ら政務を執行することはできず、すべては大御所家康の意向で行われたようである。一方で、頼宣には家康の命で家臣団が与えられた。特に、大御所や将軍の命によって藩主を補佐することを命じられた「附家老」が幼い頼宣を支えた。頼宣はまだ藩主としての権限（家臣への知行宛行権《ちぎょうあてがい》）を有していなかったが、慶長一六年（一六一一）には知行宛行状に頼宣の附家老も連署しており、藩主としての権限が形式的ながら備わったことがわかる。元和二年（一六一六）の家康死後、ようやく単独で知行宛行を行うことが可能となり、領主としての完全な権力を掌握した。

元和五年、将軍秀忠は多くの大名を転封させ、親藩・一門・譜代で大坂城を取り巻く軍事配置を成し、畿内・西国に対する幕府の備えとした。このような、幕府支配確立に向けた一連の動きの中、頼宣はその一翼を担うべく紀伊和歌山へ転封となった。その後の駿府は、元和五年（一六一九）一〇月に松平重勝が一時駿府城代に就任して幕府直轄地となったが、寛永元年（一六二四）八月には、秀忠の三男忠長が五五万石（駿河・遠江に加え、甲斐・信濃の一部）で入封し、再び駿府徳川藩が成立した。秀忠は忠長を義直・頼宣と同格に位置づけるために、石高を五五万石と大幅に増封し、官位も頼房（水戸徳川藩の祖）を超えて義直（尾張徳川家の祖）・頼宣と同格の従二位、権大納言に昇進させ、家康と縁が深い駿府城を与えたと考えられる。

忠長の藩政については、藩主であった期間が短かったことに加え、改易されたこともあって関連資料が極端に少なく、ほとんど解明されていないが、忠長は既存の秩序を容認しつつも、駿府城下町の建設といった核心の部分においては、自らの領主権力を遺憾なく発揮していた。

忠長は、寛永九年（一六三二）に上野国高崎（群馬県高崎市）に逼塞《ひっそく》を命じられ、駿府徳川藩は改易となった。改易の原因は、忠長が酒に酔って家臣を殺害するなどの異常な行動があったためといわれる。改易によって駿府徳川藩の家臣団も解体され、駿府の武家人口は激減した。武家が去った屋敷の跡は、その後「明屋敷」という地名となり、駿府町人が名主を兼務する耕作地になった。

駿府絶頂の時代は長くは続かなかった。それでも江戸時代を通して幕府の重要な拠点であった。駿府には、東海地域における幕府の一大拠点として、駿府城代を頂点に在番・加番・勤番といった城の警護を行う「番方」の武士、駿府、清水、江尻、丸子などの町場を支配する駿府町奉行所、駿河国内の幕領の多くを支配する駿府代官所が置かれ、武士人口だけでも数百人を数えた。

2　自治を担う町人たち

「年行事」による町運営

このような経過をたどった駿府の町はどのように運営されていたのだろうか。その流れを見ていこう。駿府の町は、江戸時代の最初は駿府町奉行によって町全体の代表者としての町年寄が有力町人の中から選任され、その町年寄が町人自治の中心となる「町年寄制」がとられていた。町年寄は、実質的には友野・松木・大黒屋の三家によって独占されていたが、これらの有力商人は、一八世紀初頭に相次いで没落し、町年寄制も消滅した。

その後、駿府の町運営の中心となったのが

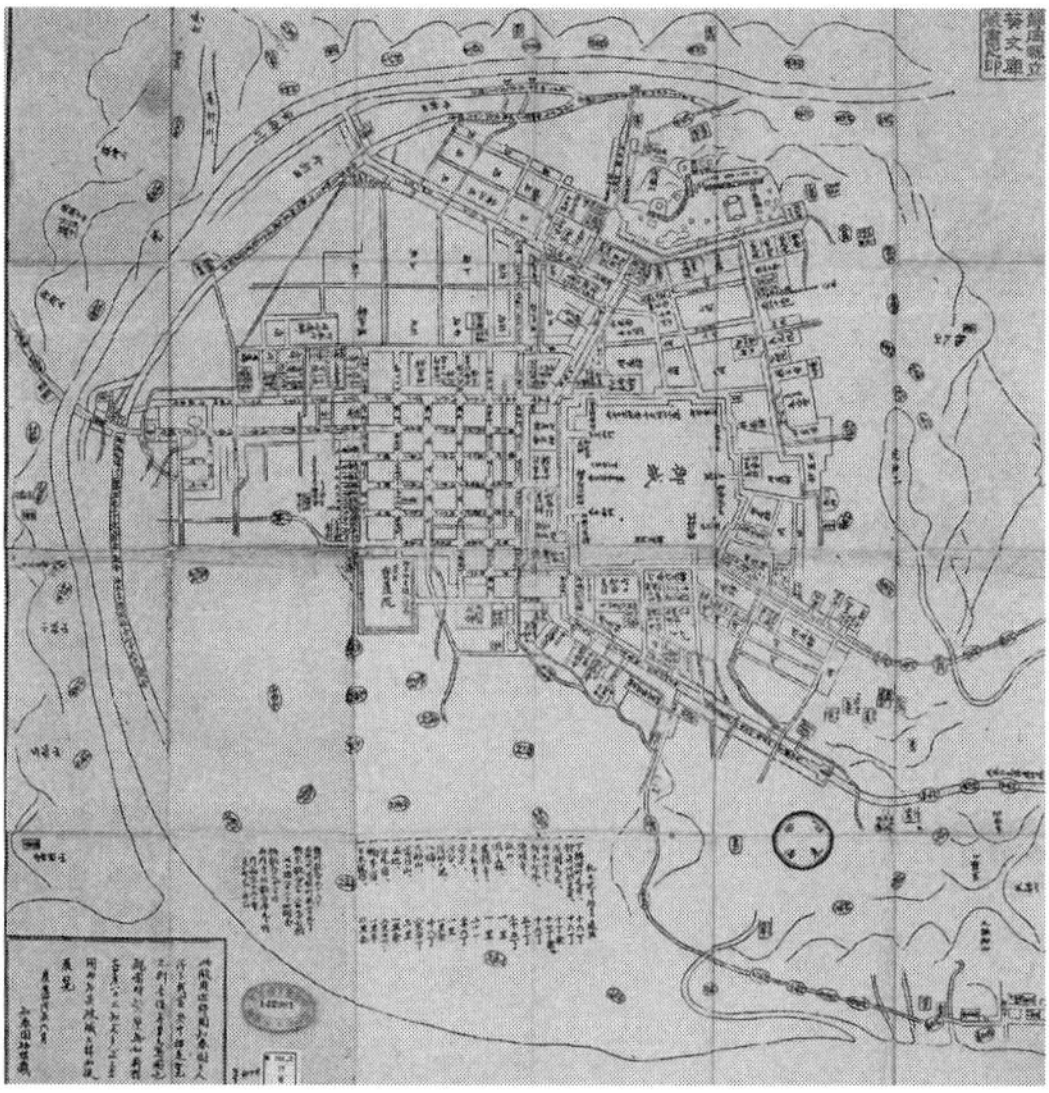

慶応４年に作られた「駿府并近郊図」。栄一がやってきたころの静岡の様子がわかる（静岡県立中央図書館蔵）

各町の代表である町頭が交代で町運営を行う「年行事制」である。年行事自体は江戸時代初期の寛永年間には成立していた。いわゆる駿府九六ヶ町のうち、諸役免除の特権を得ていた町や伝馬役など他の公的な役割を負担していた町、さらには職能や被差別に関わる町を除く計六〇余の町が、それぞれの町の規模によって三〇日、六〇日、九〇日ごとに年行事として町運営の中心を担った。年行事となった町の町頭は、定例の御用日に町奉行所内の年行事部屋に詰めることが定められていたが、享保一三年（一七二八）以降は免除された。その後、年行事は七間町の雷電寺（別雷神社）に設置された町会所で業務にあたった。

近代的な文書管理

六〇もの町が交代で年行事になるため、一度年行事を務めた後、次に当番が回ってくるのは約三年半後であった。また、駿府町方を支配する町奉行は長くても数年で異動となるため、町奉行が交代となるたびに駿府町方では駿府の成り立ちから今日に至るまでの主な出来事、前任の町奉行の支配がどのようであったかという照会を新任の町奉行から受けた。

このような、状況、事情を背景にして、駿府町方では優れた自治機能が発達していった。三年半に一度しか回ってこない年行事の勤めを万全に果たすために「年行事勤方」という業務マニュアルも作成された。各町は年行事の当番が回ってくると、このマニュアルに沿って業務を滞りなく遂行した。そして、駿府町方で著しく進んでいたのが文書作成・管理であった。

江戸時代の駿府町方、特に年行事制のもとで作成された記録類（「駿府町方文書」）は、現在静岡県立中央図書館に所蔵されている。シリーズ名が「静岡市史編纂資料」となっていることから、もともとは戦前の静岡市史編さんのために集められた古文書だったようだが、いつのころからか県立中央図書館の前身である県立葵文庫の所蔵資料となったと思われる。

駿府町方文書のなかで中核をなすのが、正徳年間から慶応元年までの約一五〇年分、ほぼ欠年なく残されている「万留帳」である。これは、年行事の日々の業務記録であり、同じく「静岡市史編纂資料」として現存する駿府町奉行からの命令をまとめた「御触書」「触留帳」とは異なり、年行事による町方運営の具体的な様子がわかる史料である。しかも、「万留帳」全体の検索が可能な目録帳三冊も作られており、駿府町方が過去の記録を大切に扱っていたことがうかがえる。

さらに驚くべきは、江戸時代の駿府町方では現在の公文書等における現用文書・非現用文書の概念が業務のなかで取り入れられていたことだ。先に見たように、年行事が執務を行う駿府の町会所は雷電寺のなかにあったが、駿府町方では当座必要となる文書（現用文書）を年行事部屋に置かれた文書箪笥に保管し、参照の必要性が減ってきた文書（非現用文書）を雷電寺境内の土蔵に移動（移管）していたのである。加えて、駿府町方ではこの文書箪笥から土蔵への文書の移動についても文書引継目録というべき記録を作成しており、現存する幕末に作られた三冊の文書引継目録からは、幕末動乱の中で駿府町方が日々の業務で必要とする文書がどのように変化したのかといったことが手に取るようにわかる。

現在の行政や企業ですら万全に行うことができていない文書管理を、江戸時代の駿府町方では平然と行っていたのである。ちなみに、この年行事制による町運営の原則は突発的な自然災害が起きた時ですら貫かれており、正徳年間から明治維新までの間でやむを得ず当番の交代や中断が起こったことが確認できるのは、次に当番となる町に大きな被害が出た嘉永七年（一八五四）のいわゆる「安政東海地震」と、文化四年（一八〇七）に一九〇〇軒焼失という江戸時代の駿府で一番被害が大きかった大火が起きたときの二回だけである。

このように、年行事制を核として高度に発達した町運営（自治）を行ってきた駿府町方であったが、その原則が崩壊する日がやってくる。それは当時一万数千であった駿府の人口が倍以上に膨れ上がる出来事、すなわち旧幕臣たちの駿河移住であった。

3　駿河府中藩（静岡藩）の成立

東征軍に動揺する人々

栄一がフランスに行っていた慶応三年（一八六七）～四年に時を移そう。

現在の静岡県エリアには幕末段階、俗に「駿遠七藩」といわれる浜松藩、横須賀藩（掛川市）、掛川藩、田中藩（藤枝市）、相良藩（牧之原市）、小島藩（静岡市清水区）、沼津藩が置かれていた。このほか、大小多くの旗本領、浅間神社や久能山東照宮、宝台院など大きな寺社が幕府から与えられていた寺社領、さらには県外の岩村藩（岐阜県）の飛び地が存在する、まさにたくさんのお殿様に分割支配される状態であった。このような状態は、加賀の前田家や仙台の伊達家のように、一つの国全体を一つの大名家（国持大名）が治める「領国地域」に対して、複数領主（お殿様）の支配がまたがる「非領国地域」といわれる。今日、静岡県民が共通の歴史認識を持ちにくいのは、「おらが郷土の殿様」がわかりにくい「非領国地域」であったことが原因と言ってよいだろう。

慶応四年（一八六八）一月四日には鳥羽・伏見の戦いで旧幕府軍に勝利した薩長軍は、七日に朝廷で行われた三職会議で「徳川慶喜征討令」が発せられると、錦の御旗を立て官軍（以下、新政府軍）となった。慶喜追討を目指す新政府は、有栖川宮熾仁親王《ありすがわのみやたるひと》を東征大総督、西郷隆盛を大総督府参謀として薩長藩兵を中心とした五万の軍勢を江戸に向かわせた。

一月一五日には、旧幕府軍の敗北と慶喜の江戸逃亡を報じる町触が駿府や清水に出され、人心は大きく動揺した。一七日（家康の月命日にあたる）に久能山東照宮で行われた祭礼の参詣者は少なく、二月三日に予定されていた浅間神社の廿日会祭《はつかえさい》は延期になる。この頃、東海道鎮撫総督橋本實梁《はしもとさねやな》率いる新政府軍の進軍情報が伝わると、混乱した駿府代官と駿府町奉行は一時的に町を脱出し、その後、駿遠七藩の藩主と駿府代官、中泉代官は新政府軍に恭順し、旗本の多くも同様の行動を取った。

しかし、新政府軍が駿府を通過すると再び動揺が広がり始めた。幕府の目付であった梶清三郎がまとめた報告書によれば、当時駿府にいた武士二二五〇名のうち、既に約四〇名が関東などへ脱走していた。また、駿府郊外で武士が詰めていた久能山でも惣門番の旗本榊原越中守配下の与力・見習のうち三人が逃げ、残りの与力・同心三八人も脱走するつもりであると報告されている。武士らは、四月一一日の江戸開城以降、旧幕府軍の脱走が相次ぐ状況や江戸の彰義隊などの動向に触発され、駿府を逃れようとしたと考えられる。実際、駿府を脱走した旧幕臣たちは、各地の遊撃隊に参加していた。

駿遠七藩（浜松藩、横須賀藩、掛川藩、相良藩、田中藩、小島藩、沼津藩）の状況はどうだったであろう。戊辰戦争が始まった慶応四年一月段階では、駿府城代として駿府城にいた田中藩主本多《ほんだ》正訥《まさもり》以外の六藩の藩主は、すべて江戸にいた。鳥羽・伏見の戦いが始まると、掛川藩主の太田資美《おおたすけよし》は旧幕府から駿府警衛を命じられ、藩兵を率いて江戸を出発し、二三日に駿府城へ到着した。

新政府軍が東征を始めるにあたり、早い段階で新政府に加わっていた尾張藩が東海道の各藩に対して使者を送り恭順を求めた。もちろん、徳川に付くか新政府に付くかは藩内で議論があっただろうが、駿遠七藩はすべてが新政府に付くことを決めたため、東海道筋ではまったく戦闘が行われることはなかった。東征が始まると、駿遠七藩の藩主はいずれも江戸から居城に戻った。田中藩主の本多正訥は、朝廷からも駿府城代を改めて命じられ、駿府城に在城し続けた。駿遠七藩は早速新政府軍に動員され、横須賀藩は舞坂宿から掛川宿までの宿駅取締、相良藩は日坂宿から金谷宿までの兵食賄方と人馬継立、小島藩は島田宿から府中宿（駿府）までの兵食賄方、沼津藩は島田宿から府中宿までの宿駅取締と人馬継立、蒲原宿から三島宿までの兵食賄方、宿駅取締、人馬継立を命じられた。

三月に有栖川宮の軍勢が駿府を通過すると、駿遠七藩は県外への出兵を命じられ、沼津藩、掛川藩、小島藩、相良藩の各藩は甲信地方へ、横須賀藩は京都での市中取締を命じられた。こうしたなかにあって、掛川藩では二〇名の藩士が上野戦争に旧幕府軍の一員として参加している。

駿遠七藩に上知の命

当初、新政府は駿河・遠江・三河の三国の幕領を三河裁判所支配という行政区にまとめる方針であったが、すぐに変更された。新たな支配体制が不明確であった静岡県域を含む東海地域の状況は、旧幕府に対する処遇が具体化するに従って変化していった。慶応四年閏四月二九日、御三卿の一家、田安徳川家七代当主の田安亀之助（徳川家達《いえさと》）を徳川家の相続人とすることと、領地・石高は追って沙汰する旨が新政府から通達された。新政府軍が旧幕府の反政府勢力を上野戦争で壊滅させると、五月二四日に徳川亀之助を駿府城主として駿河国一円と遠江、陸奥国で七〇万石を下賜すると達せられた。駿河府中藩（後の静岡藩。以下、静岡藩とする）の誕生である。

静岡藩が成立すると、駿遠七藩には上知が命じられ、それぞれ房総半島に転封となった。具体的には次のとおりだ。

▽沼津藩五万石の水野忠敬は上総国市原郡と越後国・三河国・伊豆国に表高五万石（実高五万四六五〇石）の代地が与えられ、菊間《きくま》村（市原市）に藩庁を置き菊間藩を称す

▽田中藩四万石の本多正訥は安房国安房郡・朝夷《あさい》郡・平《へい》郡・長狭《ながさ》郡・上総国天羽《あまは》郡に表高四万石（実高五万二五五石）の代地が与えられ、陣屋を長尾村（南房総市）に建設し長尾藩を称す

▽小島藩一万石の松平（滝脇）信敏は上総国市原郡・望陀《もうだ》郡・周准《すず》郡に表高一万石（実高一万一七九石）の代地が与えられ、最初は南子安村金ケ崎（君津市）に仮陣屋を置き金ケ崎藩を称す。後に藩庁を貝淵《かいふち》村（木更津市）、家臣の屋敷を桜井村（木更津市）に設置し桜井藩を称す

▽相良藩一万石の田沼意尊は上総国天羽郡・周准郡に表高一万石（実高一万一二七〇石）が与えられ、小久保村（富津市）に陣屋を置き小久保藩と称す

▽横須賀藩三万五〇〇〇石の西尾忠篤は安房国長狭郡、上総国望陀郡、周准郡、夷隅《いすみ》郡、長柄《ながら》郡に表高三万五〇〇〇石（実高四万三七四三石）が与えられ、横渚《よこすか》村（鴨川市）にあった武蔵国岩槻藩の出張陣屋を藩庁として花房藩を称す

▽掛川藩五万石の太田資美は上総国武射《むさ》郡・山辺郡に表高五万三七石（実高五万三四二八石）が与えられ、当初は柴山村（芝山町）に藩庁を置き柴山藩を称す。後に藩庁を松尾（山武市）に移して松尾藩を称す

▽浜松藩六万石の井上正直は上総国市原郡、埴生《はぶ》郡、長柄郡、山辺郡と播磨国美嚢《みのう》郡、加東郡に表高六万石（実高六万九〇三三石）が与えられ、石川村（市原市）に藩庁を置き、鶴舞藩を称す

続いて、具体的な転封の様子を比較的史料が遺る横須賀藩を事例に見ていこう。横須賀藩には慶応四年九月五日に転封の命が下り、二一日に代地が決まった。この時期はちょうど年貢徴収の時期にあたることから、新政府に伺いを出したところ、横須賀藩領を含む遠江国の年貢は静岡藩へと引き渡し、横須賀藩は転封先から徴収するよう命じられた。

他の駿遠七藩も同様であったが、転封にあたり藩にとって問題なのは、費用をどう捻出するかであった。特に慶応四年は洪水などの自然災害や京都出兵のため、横須賀藩の財政は危機的状況にあった。そこで藩は新政府に金五万両の拝借を願い出る。新政府からは当初、現米八〇〇石と金一万両ずつを三カ年下賜することが伝えられたが、明治二年（一八六九）一月八日に現米七〇〇石と金一万五〇〇〇両ずつ三カ年の下賜に訂正された。

旧幕臣が大挙して移住

徳川宗家は文久元年（一八六一）段階で所領約七〇一万石（直轄領四一四万石、旗本領二八七万石）であり、明治元年段階では家臣総数三万三四〇〇名余を数えた。慶応四年四月段階で三万二七九九人（布衣以上八七二人、御目見以上五九二七人、御目見以下二万六〇〇〇人）に上ったとする史料もある。この膨大な数の徳川家臣団は、徳川家が慶応四年五月二四日に駿河一国および遠江・陸奥国内で七〇万石の下賜が決まってから（実際には、陸奥国内に与えられる予定であった徳川家の領地は、戊辰戦争が東北地方へ拡大したことにより、九月四日に三河国内へ替地となった）、新政府・静岡藩双方の意向によって早期の解体が進められる。なぜならば、新政府の財政基盤は旧幕府の直轄地を朝廷領化した土地からの年貢収入に依拠し、極めて不安定な状況だったからだ。財政基盤を強化する上でも、旧幕臣知行地の早急な収公に迫られていた。

勝海舟は七〇万石の家臣団規模を五〇〇〇人程度と算定し、旧幕府時代の家臣団維持は不可能だと認識していた。静岡藩の幹部も藩の家臣団の規模として五〇〇〇人前後が適当であると考え、必要に応じて旧幕臣の中から静岡藩士とする者を人選し、そこから漏れた残りの旧幕臣は不要な存在とした。

勝海舟
（国立国会図書館ウェブサイト）

静岡藩は新政府から七月二〇日、駿府へ召し連れていく家臣の姓名を調べて提出するよう命令を受け、「駿河召連候家来姓名録」（国立公文書館所蔵）を作成した。静岡藩の職制と新家臣団の構成は七月段階でほぼ決まっていた。総数は五四〇〇人。内訳は家政や行財政を担当する諸役人約一一〇〇人、旧幕府陸海軍関係者約四〇〇〇人、東京在留者約三〇〇人であった。

静岡藩は、このような新家臣団の編成を行う一方で、そこから漏れた大多数の旧幕臣については、朝臣化の斡旋や帰農商を勧め、新家臣団と早急に切り離すよう努めた。六月五日、静岡藩は旧幕臣に対して、新領地が決定した以上は旧幕府時代のような規模の家臣団を維持することはできないと説明し、今月中にも蔵米や給金の支給が不可能になると告げ、速やかに朝臣となるか御暇を願い出るかの選択をするよう求めた。

同二〇日には旧幕府時代の俸禄制度を全廃し、藩から給金や禄米を支給するのは在職者と静岡藩の役職を拝命した者のみとすることが通告された。つまり、これ以降、静岡藩から支給を受ける者は藩の新家臣団に選ばれた者に限定され、それ以外は新政府からの扶助を受ける立場とすることで、藩の体制から切り離そうとした。

静岡藩は新政府との間で、旧幕臣の処遇をめぐり交渉を急いだ。その一方で、藩としてできるだけ多くの旧幕臣に朝臣化の説得を試みたが、大多数は朝臣化に抵抗があり、徳川家に仕え続けることを望んでいたため、斡旋は思うようには進まなかった。新政府からは朝臣希望者の名簿提出の期限を六月二〇日とすることが通告され、藩は扶助を願い出た者の姓名を提出した。しかし、この時に提出されたのは一部に過ぎなかった。旧幕臣に対する朝臣化への斡旋は滞り、新たな名簿の提出はたびたび延期された。

七月二〇日には新政府から旧幕臣の駿府移住の早期実施が求められた一方、八月二日になると、静岡藩から朝臣希望者名簿の提出中止が命じられた。同時に今後は直接希望者が申請する方法へ変更された。さらに九月二〇日には朝臣化出願期限が同月二五日までと定められ、それ以降は一切受け付けないと通告された。藩は、この通告を受けて無役の旧幕臣たちも駿河に移住させる方向へと計画を見直すこととなった。

受け入れる村落の負担

八月九日に藩主の徳川亀之助（家達《いえさと》）が陸路駿河へ向かったのに続き、新家臣団とその家族たちは受け入れ態勢が整い次第、順次移住を開始した。その後の無禄移住は、旧幕臣の屋敷地収公、明治天皇の東幸を控えた新政府からの督促もあり、九月から一一月にかけて海路陸路の両方で行われた（慶応四年九月八日に改元され「明治」となった）。

無禄移住者の人数については、複数の史料が遺されているが正確な人数の把握は難しい。例えば、静岡藩御用人が調査した「無禄移住之者出立残帰農願并宿所不分明之者共夫々取調候書付」によると、明治元年一一月時点で三九五〇人となっている。ただ、これは当主のみの数字であり、『東京市史稿　市街篇五十』によると、家族や家来などを合計すれば一万二七八七人が駿河に移住したとされる。

静岡藩では、無禄移住が始まる直前の八月以降、無禄移住者の領内受け入れ態勢の調査を行っており、八月一一日付で駿府近郊の村々へ「急廻状」を出した。この廻状では、八月一五日に藩主家達および家臣団の第一陣が駿府へ到着の予定であることを述べ、人数が多く駿府城下だけでは大量の家臣団が宿泊できる場所の確保ができなかったため、村々の寺院や農家までも宿泊先とするように求めた。

幼少期の徳川家達
(国立国会図書館ウェブサイト)

一〇月には本格的な無禄移住者の大量移住が始まり、陸路で移住した者は駿河国富士郡、駿東郡の寺院や村方へ、海路で清水湊から上陸した者は近くの寺院へ割り振られた。静岡藩は、一〇月以降に領内の各宿村に対して移住者の宿所確保のために農家や寺院の間数などの調査を命じ、調査の範囲は村役人から小前百姓（一般の平百姓）

の家にまで及んだ。また、清水湊から上陸した無禄移住者が領内の各地へ移住するための人馬継立は、東海道の宿駅に対して負担が命じられ、併せて移住者に対する御賄の炊き出しをすることが命じられた。この費用については、米は年貢米から支払い、それ以外にかかった経費は役所に報告し、人馬継立費用も含めて返金するとされた。このように静岡藩は、無禄移住者を領内の各町村に分散し、移住後しばらくは領民宅や寺院に寄留させ、費用については藩が負担することを約束した。

旧幕臣の駿河移住は、こうした領民の負担の上にようやく成り立ったものであり、地元の人々は新領主の静岡藩や無禄移住者に対して強い不満を募らせていった。その状態が続けば、領内統治にも不測の事態が生じかねない。藩としては無禄移住者に対して、生活保障と自立を支援する新たな体制の整備に迫られた。

無禄移住者への保護打ち切り

静岡藩では無禄移住者に対して一定期間に限って、藩が費用を負担する形で領民に世話を行わせていたが、そもそも藩は俸禄制度を導入する考えはなかった。領内で自活可能な者のみに移住を許可していたので、藩の費用負担は、あくまでも臨時的な措置であった。藩は一一月一三日には無禄移住者に対してこれまで行っていた宿泊施設の割り当てを廃止し、今後は移住者と家主の相対で交渉する旨の布達を出した。併せて、藩負担の賄いについても、明治元年いっぱいで終了することを領内に通達した。当初の方針どおり藩は無禄移住者に対する生活保護を打ち切り、自立を求めていくことになる。

その一方で、藩は無禄移住者に積極的な帰農を奨励していた。本格的な移住が始まるより前の八月二七日には、早くも領内で抱地《かかえち》や借地をして帰農することを許可している。また、帰農者に対してては領民同様に年貢諸役が賦課され、地域の担当役所の規則や村の掟に従うよう命じている。続いて、十月後半から一一月前半に出された布達では、帰農商先の土地の領民と同様に無禄移住者を戸籍に編入し、町村役人の支配を受けると記されている。つまり、帰農商した無禄移住者は武士身分を失い農工商の身分とされることとなった。同じ布達には、年始や臨時の「重き御式」では元武士として登城が許可され、子孫であっても格別に御用に役立つものについては召し出されることがあると、武士身分の回復が可能であることが示された。

静岡藩では、無禄移住者たちが自発的に武士身分を離れ、領内各所で帰農商して自活することを奨励し、藩の負担を軽減することを狙っていた。しかし、移住者が当初の選択肢であった朝臣化や御暇願ではなく駿河移住を選択したのは、ひとえに徳川家の家臣であり続けること、武士身分であり続けることを願っていたからであり、藩の方針には強い反発があった。そもそもの問題として、無禄移住者たちのほとんどは経済力に乏しく、領民に依存しなくては生活が維持できないのが実情であった。

勤番組・扶持米制度

無禄移住者の生活を維持するため、静岡藩が導入したのが勤番組・扶持米《ふちまい》の制度であった。藩は、一二月二五日に無禄移住者の支配を担当していた寄合頭と小普請掛御用人らへ、無禄移住者を勤番組へと編成し直すことを通達した。また、寄合頭、小普請掛御用人を勤番組之頭、小普請掛御用人並を勤番組之頭並、寄合頭取を一等勤番組頭取へそれぞれ改称した。無禄移住者に対しては、旧幕府時代の身分に基づいて寄合を一等勤番、御目見《おめみえ》以上を二等勤番、御目見以下を三等勤番に編成した。明治二年二月の調査では、一等が二二六人、二等が一四九〇人、三等が二二九八人であった。このようにして、静岡藩の勤番組体制は成立し、無禄移住者は勤番組士に改変される形で藩士としての地位が保証された。

勤番組の居住地については、駿府周辺にまとめて集住させるのではなく、旧幕府段階において駿遠七藩の城下であった町、代官所や陣屋の所在地といった、藩領内の要地に屋敷地や長屋を与えて分散居住させる方針を示した。これら勤番組の屋敷地確保のため、藩では領内の各村へ屋敷地を設置するに適当な場所を取り調べて報告するよう命じ、当該地が百姓持地の場合には、相当の値段で買い上げることを通達した。

明治二（一八六九）年一月一四日、静岡藩は既存の地方支配組織を廃止し、領内を新たに一一カ所（静岡県内では府中、沼津、小島、田中、浜松、中泉、掛川、遠州横須賀、相良、愛知県内では三州横須賀、赤坂）に分割し、各所に奉行と添奉行を配置して領内支配を担当させることにした。この一一カ所はいずれも旧幕府段階では城下町や代官所が置かれていた場所で、駿遠七藩の城下であった沼津、小島、田中、浜松、掛川、横須賀、相良と、代官所が置かれていた府中（駿府）、中泉であり、旧幕府段階の要所がそのまま静岡藩においても拠点となったのである。

その理由には、これらの場所が既に武家が集住していた場所であったことから、勤番組を配置するについても他の場所に比べて、武家屋敷をそのまま転用することが可能だったことが挙げられるだろう。六〇〇〇人もの藩士を割付地ごとに列記した名簿『駿藩各所分配姓名録』によると、静岡藩の中心にいた平岡丹波（後に丹治、道弘）が小島、勝海舟（安房）が浜松へ割り付けとなっているのをはじめ、藩の上層部の者も各地に割り付けられており、勤務地・居住地と割付場所が一致していない場合も多く見られる。これは現在における本籍と現住所のような関係であった。

勤番組士となった者は、各奉行所のもとに割り付けられることとなり、各奉行所は地方支配と同時に勤番組支配も行うこととなった。勤番組士たちは、有職者で職務上の理由から府中にいる必要のある者は府中勤番組に編成された。静岡藩領内に、先祖の墓や旧幕府時代の采地《さいち》（領地）がある場合は特別に割付地の希望が考慮されたが、それ以外の者はくじ引きによって強制的に各所へ配置された。

静岡藩が、勤番組設置と同時に導入したのが扶持米制度である。これによって、元高で三〇〇〇石以上の者を五人扶持、一〇〇〇石以上の者を四人扶持、五〇〇石以上の者を三人扶持、一〇〇石以上の者を二人半扶持、二〇俵以上の者を二人扶持、それ以下の者には一人半扶持を支給することとなった。この扶持米の支給方法は、明治二年二月二六日に静岡藩が領内各村に出した通達によれば、役所が発行した切手と引き換えに、村方が扶持米を村の米から勤番組に支給する方法が取られていたことがわかる。

しかし、この勤番組と扶持米制度は、開始から間もない明治二年の半ばには改革の必要に迫られる。原因は、明治維新後いったんは静岡藩に対して御暇願を出して藩士から離れた者が、帰農商に失敗したことから大量に帰藩願を提出したからである。その数は、三一二八人を数え、静岡藩は大量の帰藩者を受け入れせざるを得なくなった。受け入れは、勤番組制度と扶持米制度を破綻させることにつながるため、改革を行うことになった。

明治新政府の版籍奉還実施に伴い、静岡藩では明治二年六月に藩主徳川家達が藩知事に任命された。新政府からは同時に家臣団に対する改革断行が指示された。藩は指示に基づいて禄制改革に着手した。静岡藩が事前に新政府へ提出した願書によると、既存の扶持米制度では藩士たちが困窮するため、扶持米の支給高を二倍とし、多数の帰藩者に対しても三人扶持を支給したい旨を申請し、許可された。

この時期、各藩の禄制改革は通常、禄削減を主としたが、静岡藩は逆に扶持米を増加させる政策を取った。これは、それ以前の扶持米制度があまりにも不十分で、他藩と比較しても急進的に過ぎたためにそれを是正する措置だった。しかし、藩財政は当然厳しい状況にあり、勤番組士の土着帰農を積極的に奨励し、自立を促す姿勢は変わりなかった。勤番組士の側にとっても、扶持米が増加されたとはいえ依然不十分なままで、速やかな帰農の道が必然となった。

禄制改革に対応するため、新たな勤番組改革も実施された。大量の帰藩者を奉行所の下で管理することは不可能で、地方支配と勤番組管理は明治二年九月に分離された。地方支配は、奉行所を廃止して領内七カ所（静岡、島田、掛川、中泉、浜松、赤坂、沼津）に設けられた郡政役所に業務を引き継ぎ、勤番組は領内九カ所（静岡、浜松、沼津、掛川、横須賀、新居、田中、相良、小島）に設置された。各勤番組の編成については組士を五人単位でまとめて一人の世話役助、五〇人で一人の世話役、一〇〇人で一人の世話役頭取を置いた。藩領内各地の割付場所における住居は、藩が建設した長屋に集住することを命じ、自立可能となったら自分で普請を行うように指示した。この勤番組士の編成方法は、静岡藩が駿東郡で行っていた陸軍生育方の土着方法の影響が見られる。藩は、ある程度の実績を上げ始めた陸軍生育方の土着方法を藩領全域に拡大することを意図していた。

このように、静岡藩は無禄移住者を勤番組として家臣団組織に編成し、領内各地に割り付けて地域の警備という勤番役を果たさせることで、扶持米を与える名分を与えた。しかし、実際には軍事訓練などはほとんど行われず、もっぱら組士の自立の後押しが勤番組の役割となった。藩領内各地に割り付けられた勤番組士は、それぞれの地域において帰農し、荒れ地を開墾して開発することで自立していくことが求められた。

4　茶業に託した藩の活路

勝海舟のもくろみ

明治二年（一八六九）六月二五日、新政府は諸藩に対して「諸務変革」の指令を発し、領内の具体的条項について定めた項目に基づき報告書を作成、提出することを求めた。静岡藩では、勝海舟

大久保利通
（国立国会図書館ウェブサイト）

が大久保利通と事前に「内話」をした上で報告書を提出しているが、そのなかで静岡藩は「駿遠両国にて七八ヶ年より其数を増し追々御国益とも相成り申すべく候品は茶に御座候」と、静岡藩領の駿河・遠江における茶の重要性を強調している。既に勝は、慶応四年六月の段階で茶に注目しており、茶生産に免税措置を講じれば、生産がさらに活発化すると政府に許可を求めていた。同じ報告書で味方原（三方原）、金谷原（牧之原）等の領内に存在する広大な荒れ地を藩士たちに開墾させ、「御国内産物」である茶の生産増強のための開墾地を茶園化する方針を述べている。

静岡県内産の茶は、江戸時代前期には現在の浜松市天竜区や静岡市葵区、川根本町や島田市などで生産されていたことが確認できる。中期には駿河国安倍郡足久保村（現静岡市葵区足久保）や、駿府の御用茶師によって幕府への茶の献上が行われていた。また、川根産の茶は島田の商人が江戸に行商に出ることで寺社や武家屋敷、さらには町人にも売られていた。幕末には、二度にわたる「茶一件（文政茶一件、嘉永茶一件）」と呼ばれる茶の流通をめぐる生産者と茶問屋・茶荷主の訴訟を経て、両者が横浜への移出ルートを確保するとともに、駿府の商人たちは横浜に出店を果たし大量の茶を横浜から輸出していた。

静岡藩が茶を重要視していたことは、藩領内各地に設置された士族授産施設で茶が取り扱われていたことからもうかがえる。明治二年八月には、横須賀に「産業会所」が設置され、勤番組の旧幕臣のために米・大豆・干鰯《ほしか》などの商品を取り扱わせようとした。同年五月には、横須賀一番町の元甘蔗製所（横須賀藩は藩の産物として甘蔗の生産を領内で奨励していた）において試験的に製茶を始め、明治四年二月には横須賀の勤番組産業所で製茶事業を実施するため、周辺の村々へ生葉の買い入れに関する達しを出している。また、掛川にも産業会所が設置され、茶や織物の生産が行われた。

広大な牧之原・三方原の開墾

静岡藩は、先に見てきたように多くの無禄移住者を自立させるために、積極的な開墾事業を行った。特に有名なのは新番組（精鋭隊から改称）による牧之原開墾だが、他にも浜松勤番組を中心とする三方原開墾や、沼津勤番組を中心とする愛鷹山開発などがある。ここでは、新番組による牧之原開墾を見ていきたい。

牧之原開墾に従事した新番組は、もともとは慶応四年（一八六八）二月に山岡鉄太郎（鉄舟）を隊長として徳川慶喜を警固するために結成され、精鋭隊と称した。精鋭隊は、上野寛永寺から水戸、駿府と慶喜の謹慎場所が変わるとともに移動した。しかし、二〇〇人もの隊士が駿府市中にとどまるのは新政府に対して憚《はばか》られたことから、九月、精鋭隊は新番組に名を改め、組頭に中條《ちゅうじょう》景昭、組頭並に大草高重と松岡万《つもる》が就き、久能山の麓に居住して久能山東照宮の守衛にあたった。翌明治二年七月、新番組は静岡藩に対して金谷原（以下、牧之原）の開墾を願い出た。

山岡鉄太郎（鉄舟）
（国立国会図書館ウェブサイト）

新番組が、なぜ牧之原に注目したのかは判然としない。後に初代静岡県知事となる関口隆吉が、縁故のある佐倉村（御前崎市）へ往復するうちに目を付けた、あるいは松岡万が大井川治水のために沿岸を検分した折に気づいたともいわれている。勝海舟は、牧之原は水路に乏しく、民が数百年も顧みなかった原野であるとしたが、幕末以来の輸出品としての茶の隆盛が、長く不毛の地とされていた牧之原開墾に踏み切らせたのであろう。

新番組の旧幕臣たちは、七月末に家族を残して先に牧之原に入植し、家族は約一カ月遅れた八月末に牧之原に向けて出発した。牧之原に入植した人数についても史料によって差異があり、『静岡県茶業史』は二二五戸、『静岡県榛原郡茶業史』では二五〇戸とされている。この後、明治三年（一八七〇）には元彰義隊の八〇戸余りが開墾に加わったという。最も信頼のおける史料は「牧之原開拓士族名簿」（島田市所蔵）である。これは旧幕府段階での職歴を記した、いわゆる明細短冊だが、残念ながら所々散逸してしまっているため移住者の全貌はわからない。

いずれにしても、新番組と元彰義隊を合わせて三〇〇戸を超す旧幕臣が入植し、家族の人数も含めれば一〇〇〇人を超える大規模な人口の移動が見られたことになる。他の勤番組の旧幕臣が旧駿遠七藩

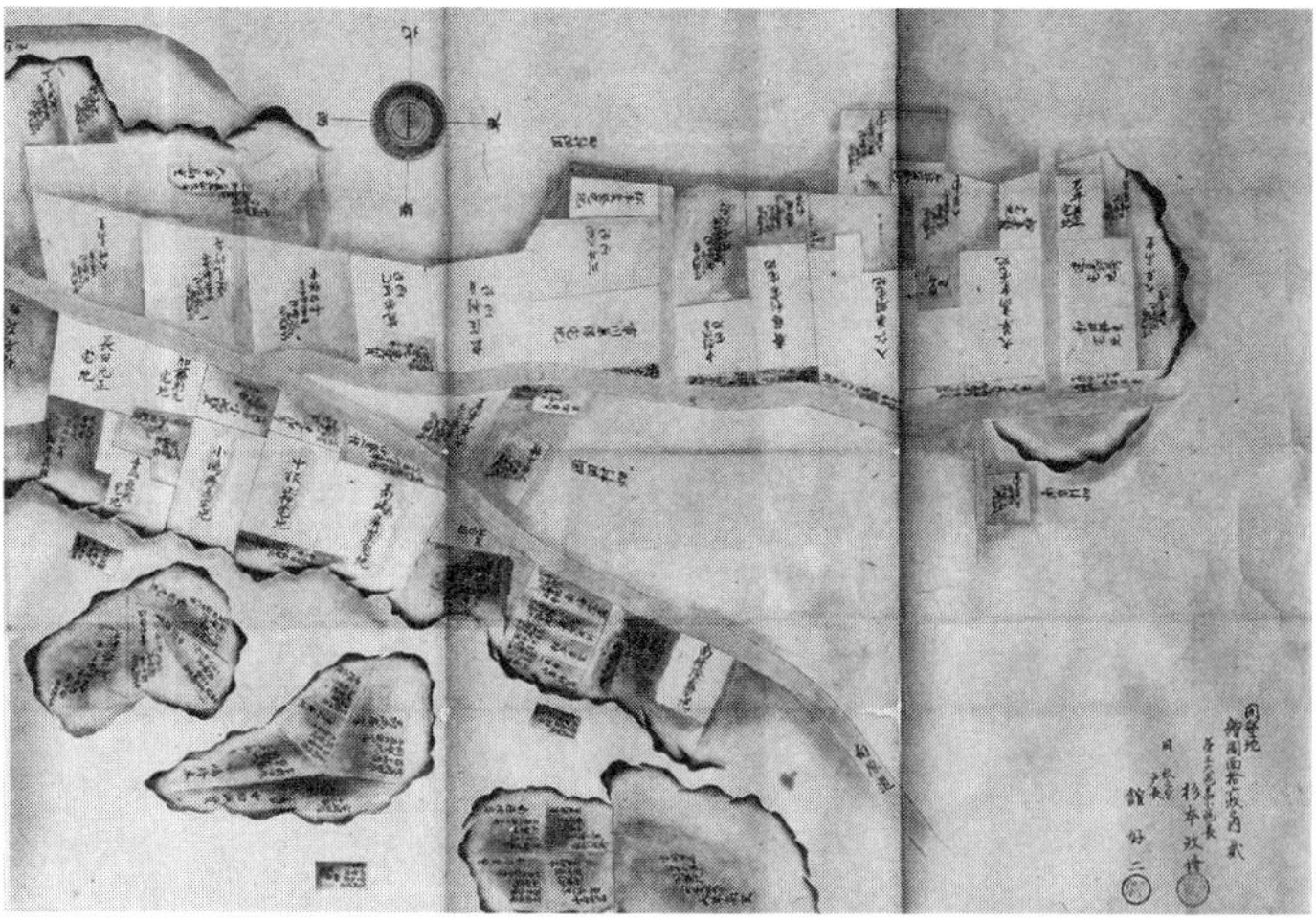

牧之原開墾絵図面二　岡田原（島田市博物館蔵）

の城下や代官所の跡地など、住居がある程度確保されていた場所に移住したのに対し、牧之原開墾に従事した者は当初住む家さえなく、周辺の村々の寺院や村役人宅を仮住まいとしながら、徐々に台地へと居宅を建て始めた。中條や大草の屋敷には剣術道場も設けられ、旧幕臣が集まる場となった。

牧之原に入植した旧幕臣たちは、台地の東北の谷口原、岡田原、西北は金谷原、南は牛淵原までの大縄反別《おおなわたんべつ》一四二五町歩余の原野を四つに分け、谷口原を中條組、岡田原を大草組、南原を榊原組、西原を久保組と分けて開墾に着手した。入植した旧幕臣が後年綴った複数の回顧録によれば、厳しい肉体労働によって多数が健康を害し、脱落していく者も後を絶たなかったようである。

コラム3

駿河府中では新政府に「不忠」？

明治二年（一八六九）六月、駿府町人たちの元に藩からの触れがもたらされた。そこには、「駿府を静岡と改める」とだけあった。わずか二行の命令によって、数百年にわたって駿河府中・駿府と言われていたこの地はまったく新しい静岡という名前に変わった。

通説では、考案者は渋沢栄一と共にヨーロッパ派遣の一員だった向山黄村《むこうやまこうそん》といわれている。静岡学問所頭取を務めた黄村は、駿河府中では音が「不忠」につながり、明治新政府への覚えが悪いと考えた。そこで、地元の賤機山にちなんだ地名を思いつくのだが、「賤」の字は「いやしい」を連想させ縁起が悪いと「静」に変えて静岡となったとされる。しかし腑に落ちない点もある。まず、府中を不忠に捉えられると心配する点が理解しにくい。府中はもともと各国の国府があった場所を示す言葉であり、各所で普通に使われていたからだ（例えば甲斐府中は甲府）。

改めて、名称変更の背景を、新政府と徳川宗家の双方に残された関連史料から見てみたい。静岡藩士の富永孫太夫と戸川平右衛門が、新政府の弁事役所に六月八日、名称変更の理由と新しい名称の候補に触れた文書を提出している。

それによれば明治新政府は駿州府中について、列藩の中に同じ名前（府中）があって紛らわしいので、旧名（駿府より古い地名）か、他の名前の候補を二三挙げるよう、藩に対して命令していた。藩としては駿府以前の地名はよくわからなかったため、候補として「静」「静城《シヅキ》」「静岡」を挙げたという。徳川宗家に残る別の記録には、「静城」の代わりに「静機」が入っており、ルビも「シズハタ」となっている。そこには候補に挙がった名称の選定理由は書かれていないが、通説どおり、賤機山にちなんでいたのであろう。

ただ、向山黄村の関与についてはまったく触れられてはいない。藩が新政府に提出した文書だから当然かもしれないが、では、なぜ黄村と静岡が結び付いたのか。おそらく、後に静岡学問所を地元が顕彰する中で、黄村を静岡の地名の考案者にしようという動きがあったのだろう。それが現在まで通説となり、信じられてきたと思われる。

名称変更は、新政府への恭順を貫く静岡藩の配慮というよりは、もっぱら新政府の改名命令に応えるものだったようだ。旧幕府が前身である以上、静岡藩は新政府に逆心なきことを事あるごとにアピールしなければならなかった事情はあるだろうが、内実は思いのほか単純だったのかもしれない。

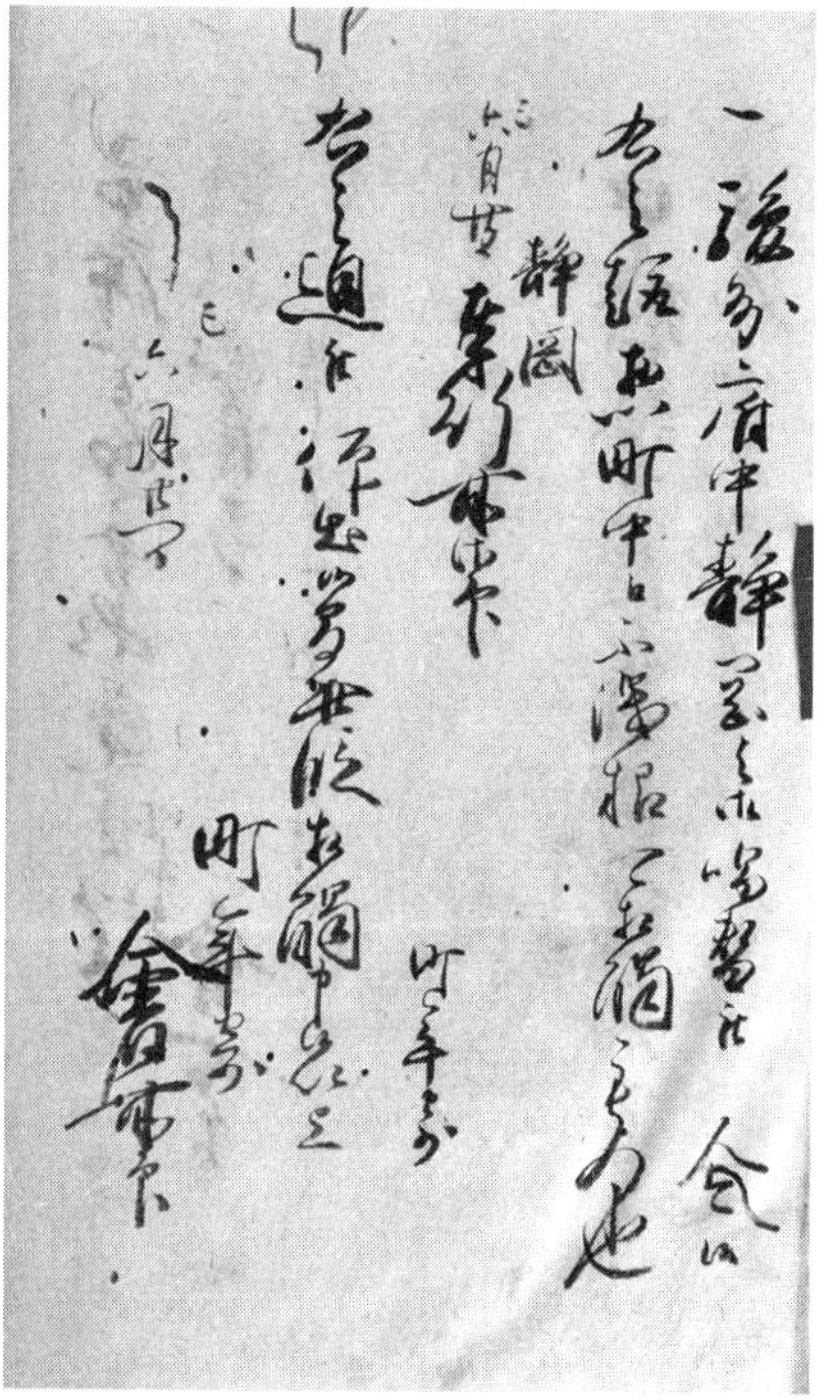

駿府から静岡への改称を伝える触書
(静岡県立中央図書館蔵)

第4章　静岡藩士としてのミッション

1　予期せぬ登用

辞令に承服できず

慶喜と涙の再会を果たした翌一二月二四日、徳川昭武《あきたけ》宛ての書状を預かり水戸へ向かおうとしていた栄一のもとに、静岡藩から礼服を着て出頭せよとの連絡が入る。昭武からの書状を慶喜に渡すことが主たる目的であった栄一には当然礼服の用意などなかった。他人の礼服を借りて静岡藩中老詰所へ赴くと、「渋沢篤太夫　御勘定組頭これを命ぜらる」という辞令が手渡された。予想外のことでとても承服できなかった。栄一にとって次なる使命は慶喜の返書を持って水戸へ取って返し、昭武に届けることであったのに、それを放っておいて静岡藩に仕官するなど、昭武に対する裏切りに他ならない。そもそも、ヨーロッパから帰国した後、父市郎右衛門に今後の身の振り方を聞かれた折も、静岡に行くと答えはしたが、静岡藩士となるとは言っていないのだ。

栄一は、維新後に生活に窮し静岡藩を頼って移住してきた旧幕臣たちと自分とは明確に違うと考え、窮乏した藩の禄をむさぼるようなつもりなど毛頭なかった。それを仕官せよという。藩を頼ってきたのなら、憐れみをかけてやるとでもいった扱いを受けたように感じたのである。そして慶喜が命令したのであれば、昭武をあまりに軽んじている。憤った栄一は、家老平岡丹波の前に辞令を放りだして辞してしまう。

宿に戻った栄一に、平岡は使いの者を出した。しかし、栄一は聞かない。「ヨーロッパ行きの本来の目的は留学であったが大政奉還によって果たせず、帰国して昭武の書状を持ってきたのに、書状の返事を手渡すのではなく静岡藩士になれと言うのは人情を知らない者のやることだ。そんな腐った人間ばかりの静岡藩には仕える気にはなれない。勘定組頭の辞令に対して辞表を書くのも面倒だから、そのまま返したのだ」と罵倒し、使者を帰らせた。

大久保一翁
（国立国会図書館ウェブサイト）

栄一の説得に当たったのは大久保一翁《いちおう》（忠寛《ただひろ》）だった。幕末には駿府町奉行や勘定奉行を歴任し、当時は静岡藩の藩政を取り仕切っていた人物である。大久保は、栄一を静岡に留めておこうとする慶喜の真意を伝えた。栄一自身の日記によれば、固辞した翌々日二六日のことである。その時のくだりが、栄一の回想を口述筆記した『雨夜譚《あまよがたり》』にある。

大久保のいうには、足下（栄一）の身分については水戸から掛合が来て、是非とも当方へくれということであった。しかる所、前公（慶喜）の思召は、足下が水戸へ行けば民部公子（昭武）が厚く慕われている余り重く用いたいと思われるに違いない。そうすれば水戸の連中の妬心を引起こして結局は足下の身に害を生ずる虞れもあるし、好しそれほどにないとも、足下が水戸藩のために有用の人となる事は出来ぬから、それよりは当藩に必要あるから遣ることは出来ぬというがよろしい。また足下が民部公子への御返書を持って行くと、しばらくでも留まる、留まれば自然と情合が増す道理であるから、御返書は別にこちらから出すということになったのであ

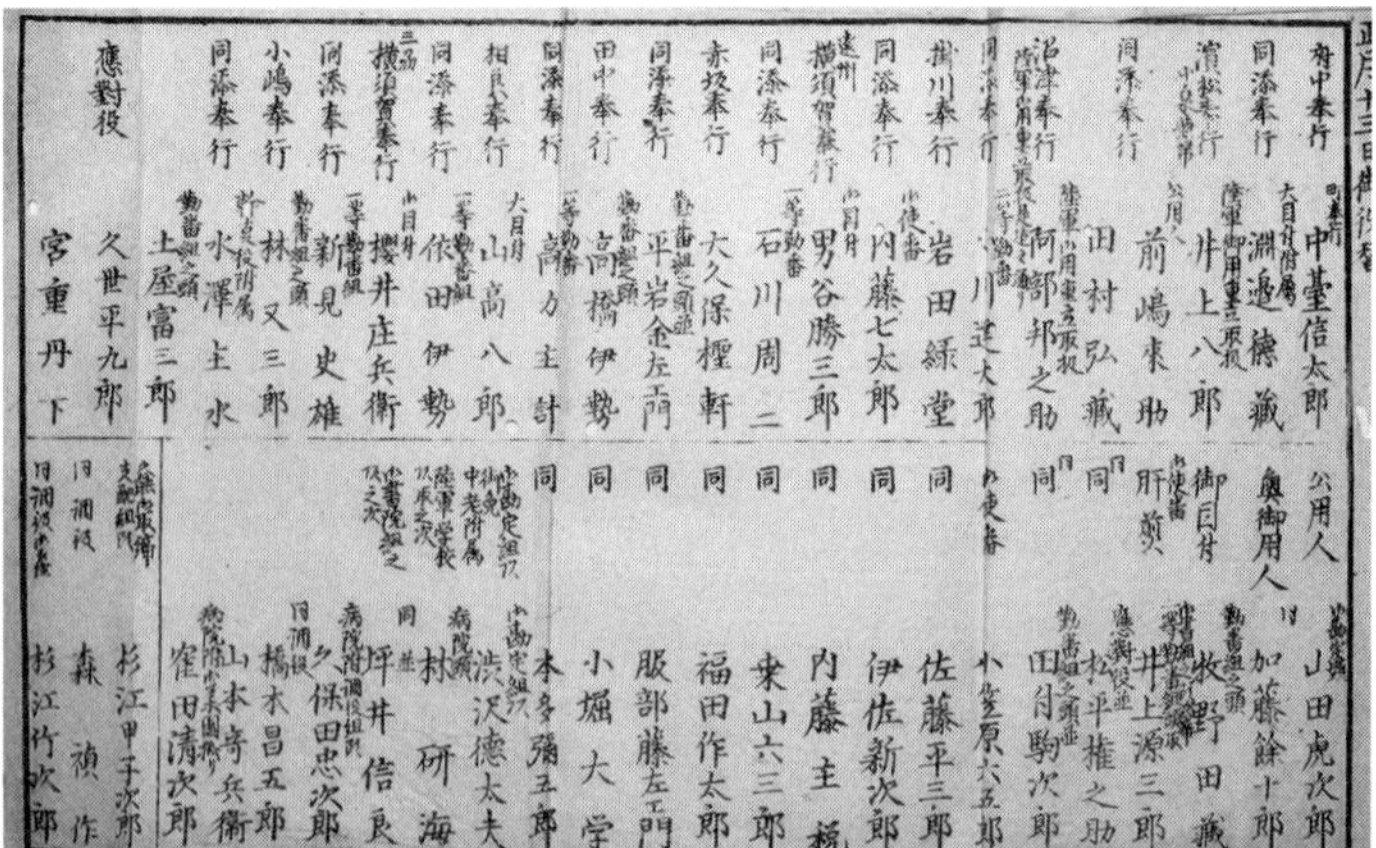
府中奉行 中臺信太郎
同添奉行 渕邉徳蔵
濱松奉行 井上八郎
同添奉行 前嶋来助
田村弘蔵
沼津奉行 阿部邦之助
同添奉行 川達太郎
掛川奉行 岩田緑堂
同添奉行 内藤七太郎
遠州横須賀奉行 男谷勝三郎
同添奉行 石川周二
赤坂奉行 大久保樫軒
同添奉行 平岩金左衛門
田中奉行 高橋伊勢
同添奉行 高力主計
相良奉行 山高八郎
同添奉行 依田伊勢
横須賀奉行 櫻井庄兵衛
同添奉行 新見史雄
小嶋奉行 林又三郎
同添奉行 水澤主水
土屋富三郎
應對役 久世平九郎
宮重丹下
山田虎次郎
加藤餘十郎
井上源三郎
松平権之助
田付駒次郎
小笠原六五郎
佐藤平三郎
伊佐新次郎
内藤主税
福田作太郎
服部藤左衛門
小堀大学
渋沢徳太夫
坪井信良
久保田忠次郎
窪田清次郎
杉江甲子次郎
森禎作
杉江竹次郎

静岡藩役人名簿。栄一が静岡藩士となった直後に出された役替えを記した職員録。下段左寄りに「渋沢徳太夫」の名前が見える（個人蔵）

る。右等の事情が分らぬ所から、余り人情のない処置だと不満に思ったのだろうが、実は今中通りの次第だによって、篤とこの処を会得するがよろしいと、委細の事を始（初）めて承知して、大きに自分の性急なることと、このほどの失言を慚愧しました（『雨夜譚』巻之四）。

つまり、水戸藩から静岡藩に対して栄一を水戸藩士に取り立てたいという話が来ていたというのである。しかし、水戸藩内部には栄一をよく思わない者もいるだろうから、嫉妬心から危害が及ぶことも考えられる。それより、静岡藩で栄一を必要とするから水戸にはやれないと答える方がよい。栄一が昭武への返書を持っていけば、しばらくは水戸に留まることになる。そうなれば情が移るのが道理であるから、返書は栄一以外の人物に持って行かせた方がよい。大久保は、栄一への勘定組頭就任辞令の背景は、こうした次第だったと説明した。

これを聞いた栄一は、自分に対する慶喜の深い配慮に感じ入り、発言に思慮が足りなかったことを後悔した。ただ、栄一にも思うところがあった。静岡で農商に従事したいゆえに勘定組頭拝命だけは御免蒙りたいと意見したのだ。しかし、結局翌二七日には「勘定組頭格御勝手懸り中老手附」を拝命し、静岡藩士渋沢栄一（当時は篤太夫）が誕生したのである。栄一は後に、「能々《よくよく》自分は勘定組頭と縁が深いとみえる」と、半ばあきれたように振り返っている。

栄一は、二七日に昭武へ宛てた書状をしたためている。そこには、やむを得ず静岡藩士になることとなり、復命のために昭武のもとに戻ることはかなわなくなったとあり、本文から再白（追伸）まで、何度もお詫びの言葉を連ねている。幕末動乱の時代に、異国の地で長い時間を共に過ごした昭武と栄一の強いつながりが読み取れる。

『雨夜譚』と日記、細部に違い

栄一の勘定組頭拝命をめぐる出来事を、主として栄一の自伝というべき『雨夜譚《あまよがたり》』によってたどってきたが、栄一自身の日記や、もう一つの伝記である『渋沢栄一伝稿本』の内容とは若干の相違がある。

ここで、本書でもたびたび登場する『雨夜譚』についておさらいしておきたい。『雨夜譚』は明治二〇年、栄一のもとに集まっていた書生たちの求めに応じ、深川にあった栄一の屋敷で幼少期からの記憶を自ら語った内容をまとめたものである。栄一は当時四〇代で実業界の巨人として活躍していた。自分のキャリアの序盤を振り返ったのが『雨夜譚』なのである。

それでは、日記と『雨夜譚』の相違を具体的に見ていこう。

まず、勘定組頭の辞令交付を受けた二四日についてである。辞令交付の際、「御用召」であるからと礼服着用を求められ、持っていなかった栄一は他人の物を借りたと『雨夜譚』にあった。しかし、日記では藩の御目付局で借用したことになっており、勘定組頭就任を断ったことについては、「礼服を持っていないから勤められない」と、御用召の際の礼服着用を逆手に取ったような言い訳をしている。

勘定組頭役就任の辞令に対して、辞表を書くのは面倒だから辞令をその場で返したともあったが、二五日の日記にはしっかりと栄一が提出した辞表（願書）の文面がある。それによると、勘定組頭役はありがたいことだが、ヨーロッパから帰国して以来病身であり、激務である勘定組頭は勤め兼ねる、と言っている。この願書を持った栄一は平岡のもとを訪ねたが、平岡は不快（病気・体調不良）であり会うことができず、帰ってから書状でやりとりをしたという。

『雨夜譚』では、辞令に怒って宿に戻った栄一に、平岡が使いの者を出して説得させたとあるが、「日記」ではこれは辞令が渡された二四日ではなく二六日のこととなっている。さらに、使者を罵って帰らせたのではなく、午後に使者も同行して一翁を訪ねたとある。そして、栄一は一翁にあす辞令を受けると答え、平岡とも話をして引き揚げた。翌二七日、栄一は平岡を通して勘定組頭役をありがたく引き受けると申し出て、併せて昭武に宛てた手紙を託したのである。

静岡藩士となった栄一の役職「勘定組頭」についても、『渋沢栄一伝稿本』には渋沢家所蔵の栄一の辞令書のなかに、「御勘定組頭渋沢篤太夫、御役御免、御勘定頭支配同組頭格御勝手懸り中老手附命ぜらる」というものがあり、栄一が実際には勘定組頭を免ぜられ、「勘定頭支配同組頭格御勝手懸り中老手附」というやや長い名前の役職に就いたとある。

これまでの渋沢栄一に関する著作、特に静岡藩時代については『雨夜譚』に全面的に依拠する形で書かれているものが圧倒的に多い。ただし、『雨夜譚』は栄一自身が語った自伝であるため、記憶違いや創作が少なからず見られるのは先に触れたとおりだ。静岡での一〇カ月間に関して、『雨夜譚』の内容を他の史料からも検証するという基礎的な作業さえも、ほとんどなされていなかった。本書では、でき得る限り多くの関連史料から静岡藩時代の栄一の実像に迫ってみたい。

2　ビジネスパートナー萩原四郎兵衛

先見性備えた地域リーダー

静岡藩時代、栄一の活躍は多くの駿府・静岡の人々に支えられた。その中でも最も栄一に近く、栄一留守の際には実務を取り仕切っていたのが、萩原四郎兵衛という人物である。萩原は、文化一二年（一八一五）八月一六日、駿府安西二丁目の萩原久左衛門の長男として生まれた。天保四年（一八三三）に萩原家の本家・土太夫町《どだゆう》の萩原四郎兵衛家に養子に入り、七代目四郎兵衛となった。栄一より二五歳年上であり、親子にも近い年齢差だ。萩原の実家の久左衛門家は、江戸時代の中期には江戸城に茶を納入する御用茶師を務めた駿府の中心的な茶問屋で、萩原四郎兵衛家も同じく茶問屋を営んでいた。

萩原四郎兵衛（『萩原鶴夫伝』）

　萩原は、家業の茶問屋とともに、地域の様々な役職を務めていた。例えば、町役人としては安西明屋敷（徳川家康の大御所時代には武家屋敷があり、家康の死後に武士が激減すると空き地となった地区）の名主や土太夫町の町頭を務め、天保一四年（一八四三）には安倍郡村々のリーダーというべき郡中惣代となった。さらには、東海道三島宿から府中宿（駿府）までの取締御用（監督業務）にもなっている。まさに、駿府だけでなく現在でいう静岡市域全体を代表する有力者であった。

　萩原が多方面に手腕を発揮し始めた天保時代

は、駿府・清水を中心とした経済圏に少なからぬ混乱が広がっていた。老中水野忠邦による天保の改革の一環として実施された株仲間解散令（株仲間の存在が経済に悪影響を与えているとして解散が命じられた）によって、駿府茶問屋や清水廻船問屋が解散に追い込まれたのだ。

水野忠邦が失脚した後、嘉永四年（一八五一年）に株仲間再興令が出されたことを受け、翌五年には駿府茶問屋が復活したが、茶の流通経路を巡って五〇を超す安倍・藁科の茶産地の村々との間で争いが起きている。安政四年（一八五七年）頃まで続く「嘉永茶一件」と呼ばれる訴訟である。萩原は、駿府茶問屋の代表として安倍・藁科産の茶をすべて駿府で扱うという流通のルールを作ったため、生産者たちと激しい訴訟合戦になった。

駿府茶問屋の惣代として茶産地の人々から極悪人のように見られた萩原だが、一件の途中、嘉永七年（一八五四年）一一月四日に発生した「安政東海地震」に際しては、大きな被害を受けた駿府の人々を救うため、自費で施粥（炊き出し）を行っている。戊辰戦争では、駿府町人の代表として官軍（新政府軍）の江戸・東北への進軍に協力し、明治維新後に徳川家が静岡藩主となり駿府城に入る際にも骨を折っている。その折の言動を見ると、官軍に対しては、「協力できることを嬉しく思う」と述べ、しばらく後に静岡藩が成立すると「やはり駿府は徳川ゆかりの地、徳川家を迎えることは喜ばしい」と、時勢に合わせて言葉を選んでいる。彼は、あくまでも駿府町人の論理・利害にのっとって現実的に行動し続けた人物だったのである。

萩原四郎兵衛をはじめとする駿府の豪商たちは、徳川家の駿府移封が決定する以前の慶応四年（一八六八）三月、「御産物御会所目論見書」という文書を作成している。商法会所にも使われた「会所」という言葉は、集会所・事務所・取引所などの意味である。この文書にある御産物会所とは、駿府を中心として西は島田、東は沼津までの豪商を構成員とした会所＝取引所を設置し、茶・椎茸・塗物・紙といった駿河国の特産品を会所で独占的に仕入れ、横浜港へ送って外国へ輸出することで領内の利益を確保することを目指したものであった。

この会所設置計画は静岡藩成立後、萩原らによって藩に提出された。だが、会所の性格が主に東海道の各宿に居住する商人に利益が集中するようになっていたことから、特に山間部の茶産地の百姓らの反感を買った。とはいえ、この計画は株仲間のように特権的なものではなく、共同出資の方法や利益配当について規定されるなど、渋沢栄一の合本主義にも通じ、当時の駿府商人の先見性が読み取れる。

戦災に消えた日記・記録

栄一の静岡藩士時代の行動については、ほとんどが『渋沢栄一伝記資料』（以下、『伝記』）に掲載されているが、『伝記』の静岡藩士時代の部分は、元となった史料の多くが萩原の書き残した膨大な日記と諸記録である。萩原は先に見たように茶問屋の経営に加え、多くの公的役割も果たしていたため、作成した文書・記録は膨大な数に上る。これらは萩原の死後も萩原家に遺され、まさに駿府・静岡の歴史を知るための虎の巻とでも言うべき史料だったが、不幸にも太平洋戦争の空襲によってそのすべてが失われた。

栄一の死後に行われた『伝記』編さんの際、静岡藩時代に親しく交流した萩原が遺した古文書・古記録が調査の対象となった。幸い戦前であったため、萩原の日記や諸記録は筆写され、『伝記』にその多くが掲載された。

商法会所・常平倉の運営を実質的に担っていたのは、萩原四郎兵衛を中心とした駿府・静岡の人々であった。四郎兵衛の日記から、その運営状況を詳細に知ることができる。『伝記』の商法会所についての記録も日記が負うところが大きい。萩原が残した記録の全体から見ればごく一部であろうが、当時の栄一の行動とともに、明治初年の静岡の姿を伝えるかけがえのない記録といえる。

3　駿府町人に託された藩財政再建

焼失前の萩原家文書再発見

萩原四郎兵衛が残した文書（以下、「萩原家文書」とする）が戦災で焼失する前、それを資料とした研究論文が一点だけ残されている。戦後、松山商科大学教授などを歴任した経済学者上田《あげた》藤十郎氏が、昭和一三年（一九三八）に発表した「静岡藩の組合商法会所及び常平倉について」という論文である。

上田氏は萩原の孫に当たる太郎次郎のもとを訪ね「萩原家文書」を分析した成果をまとめた。戦前の論文で、なおかつ現在では所蔵する図書館もほとんどないため、戦後の歴史研究で参照されることはほとんどなかった。地元静岡で出された『静岡中心街誌』や萩原四郎兵衛の伝記『萩原鶴夫伝』に部分的に引用されているのみである。それも「地元の人々による思い込みがあるのではないか」とあまり顧みられなかったようだ。しかし、この論文に載る「萩原家文書」からは当時の状況を詳しく知ることができる。本節では上田氏が筆写した萩原の記録を基に静岡藩の財政再建計画を見ていく。

慶応四年六月、駿府城の受け取りおよび、その他準備のために勘定奉行加藤余十郎、目付福田作太郎が任命され、先発として駿府にやってくる。加藤、福田は田中藩主で駿府城代を務めていた本多正訥《まさもり》との間で、駿府城と駿府町方の受け渡しを行った。

七月一〇日、続いて駿府商人の萩原四郎兵衛、北村彦次郎、勝間田清左衛門、塚本孫兵衛、亀屋五郎右衛門（後の宮崎総五）を御用商人に命じ、徳川家達入封に対して必要な方策を諮問した。萩原以外の四名も当時の駿府で大きな力を持っていた商人である。

萩原たちは、一週間後の七月一七日に、「御着城御前後御急務之儀申上書」という答申書を提出した。緊急を要する課題として以下を挙げている。

▽新藩主となった家達の奉迎
▽安政東海地震以来、修復が滞っている駿府城の石垣および諸施設の修復、本丸その他城内の草刈り
▽大量の旧幕臣の移住に伴う住宅問題と食糧問題、物価などの経済問題
▽駿府の警備

また、財政ひっ迫懸念の要因も列記している。

▽駿河国は山川が多く土地が狭く、国内の米だけでは食糧が不足する
▽東海道の三分の一の宿駅が静岡藩領国内にあり、宿駅の負担が大きい
▽安倍川、大井川、富士川といった大河川の普請（治水工事）の莫大な負担
▽天璋院（一三代将軍家定の御台所・篤姫。実際には駿府には来なかったが）をはじめとする人々を迎えるための費用
▽無禄移住者（旧幕臣）への対応

こうした点を踏まえて、藩の扶助が必要であると答申をした。

加えて状態改善には、藩の収入増加を図るための殖産興業に努めるべきとし、「御益筋見込件々」という財政再建策を献言した。具体的には、国産物運上元会所を設置し、藩内の国産物に対して運上を課すとともに、藩領外に移出する国産物はすべて会所の取り扱い荷物として、藩の手で売りさばき、藩内で不足する商品、特に米を手当てする。また、藩内で米・味噌・醤油・野菜・薪などの日用必需品を取り扱う問屋、仲買商および小売商人の数を制限し、値段の統制も必要だと力説した。

これを受けて藩は八月に国産取扱掛を設け、御勘定頭並に元目付の福田作太郎、平岡四郎、山田寅次郎にあたらせるとともに同月二七日には萩原、北村、勝間田、亀屋（宮崎）、塚本の五名を御

産物御用取扱掛の御用達に命じた。

却下された「産物会所」計画

萩原ら五名は、御用達に命じられる前の八月一四日、駿府町人による「第一次産物会所設立計画書」とでもいうべき書面を福田に提出している。この計画書は、「萩原家文書」の「慶応四年八月御領国御産物会所取立目論見書」「御産物金高及見積書」「商法会所目論見　草稿」の三点からなる。

まず、駿府に国産物運上元会所を設け、続いて国産物の集散地である清水と焼津の両湊に出張所を設け、茶の輸出地である横浜には売込所を設置する。茶、塗物（駿河漆器）、椎茸、紙（駿河和紙）、砂糖等は必ずこの会所を経て、藩が所有する船に積み込んで藩領外へ移出することとし、個人が勝手に移出することを禁止。藩はこれによって売値の一割に相当する口銭（手数料）を得る。

会所は、商品の委託販売機関、専売仕法に類似する機関として活動するほか、資金貸し付けを行って、生産を奨励する金融機関としての機能も持つべきとしている。目論見書のなかでは、茶業であれば新茶を摘み取るための資金を貸し付け、製茶が済んだら元利を返済するとされている（この茶生産に対する貸し付けは、江戸時代を通して萩原ら駿府茶問屋が生産者との間ですでに行っていた、「仕合《しあい》」と呼ばれる仕法そのもの）。これに加え、藩の収入増加のため、これまでは運上（営業税）

免除の特権を与えられていた質屋、紺屋、酒屋、醤油造り屋、絞油屋、魚市場、青物問屋等からも冥加金（上納金）を取り立てることとしている。

また、会所設立には「恐れながら御上様御金も差し加え下し置かるべき事」と、藩からの出資も求めているほか、領内から資金を募って会所運営費用に差し加えたいとしている。この差加金には、会所の業績により利益のうちから年八分から一割を配当するとしている。

このように、駿府町人たちによる第一次産物会所計画のなかで、すでに共同出資（差加金）と利益配当という先進的な発想がなされていたことは特筆される。しかし、この計画はなお考慮の余地ありとして八月二九日に却下されてしまう。

第一次産物会所計画が却下されてから約一カ月後の九月二五日、三井組名代の桜井徳兵衛、三井組外組々名代篠山豊平、三井組々名代鹿島萬平の三人が国産御用取扱掛に命じられ、萩原たちと共に産物会所開設に向けた業務にあたることになった。産物会所を始める財政的余裕がない藩が、三井組に出資させることを意図したものと思われる。三井組関係者の三人を加えて改めて出されたのが、「御産物会所目論見書」という第二次産物会所計画の計画書である。

第一次計画と同じく茶をはじめとした産物の生産者に対して一割五分の利率で貸し付けを行うことがうたわれた。国産品の売買については、産物会所が日用品の価格安定を担うという前提に基づき、勝手な商売をしないよう附属する仲買商人にのみ鑑札（営業許可書）を与え、仲買人からは身元金という名目で一人につき五〇両の上納金を出させる。また、産物会所の利益の一部は耕地開発や港湾施設の修復費用に充当することなどが掲げられた。

会所設立資金は、三井組等の出資金を元とし、領内の士農工商を問わず富裕な者を勧誘して得た資金を会所差加金として運用することとした。差加金に対する証書は無記名の証券とする予定で、それは後の株券に似たものであったようだ。

第一次計画が官民共同の出資によって事業を行うことを目的としていたのに対し、第二次計画は三井組および外組々に、領内の富裕層による出資を加えるという点で相違はあったものの、いずれも出資者に対する利益分配を認めるという、一種の先進的な会社組織としての性質を有していた。

しかし、この計画も藩にとっては決定打とはならず、採用はされなかった（この経緯については関連する史料がなく不明）。戦前に「萩原家文書」を分析した上田氏は、この時期に三井名代の神宝方一派（詳細は不明）による別の産物会所設立願が提出されたことが原因の一つだったのではないかと推測している。

結局、成立当初の静岡藩は藩財政を好転させるための方策を、駿府町人や三井組の者に検討させたが、なかなかスタートできずにいた。そして明治元年末、渋沢栄一がいよいよ駿府にやってくる。

ここから、閉塞感を吹き飛ばすかのように静岡藩の財政好転を目指した産物会所計画は一気に進んでいくのである。

コラム4
「篤太夫」改名の事情

明治二年（一八六九）の夏、藩制機構の改革を受けて出版された静岡藩士の職員録を見ると気づくことがある。歴史上の人物がよく名乗っている、右衛門、太夫、兵衛といった名前が一つもないのである。時を同じくして、栄一も東京出張中の七月二七日、一橋家に仕えた文久三年（一八六三）以来ずっと名乗ってきた篤太夫の名を篤太郎に改めていた。

栄一は後年、名前を変えた当時を振り返っている。「維新以後になつて、太夫とか左衛門と云つたやうな、官職に属する名を太政官達で禁ぜられたので、篤太夫を改めて篤太郎とした」。つまり、栄一をはじめ静岡藩士たちの改名は明治新政府の命令によるものだったというのである。

しかし、『渋沢栄一伝記資料』の編纂《へんさん》者たちは、これについて、次のように疑問を投げかけている。栄一の改名が明治政府による旧官名を通称とする慣習の禁止であるとすれば、明治二年七月二七日以前にその命令が政府から出されているはずだが、明治二年の「法令全書」には該当の命令が見当たらない。ただし、行政官が出した七月七日の命令に「従来の百官・国名を廃止するので、これらを名前としているものは改名するように」とあり、これによって改名が必要となったと考えられる。栄一の語った命令は「法令全書」から脱落したか、内部の命令だったのかもしれないがよくわからない、としている。

栄一の記憶と法令の齟齬《そご》はどこで起きたのだろうか。実はそこには、新政府に対する静岡藩の配慮があったようだ。明治二年七月、静岡藩領内に「明治政府からの命令により、百官名、国名、大夫、輔、亮、祐、助、介、丞、允、進、正、右衛門、左衛門、兵衛を名乗っている者は改名するように」との触れが出された。栄一の記憶どおりの命令が、実際に静岡藩領内には出ていたのである。これによって、勝安房（海舟）は勝安芳、郵便制度の生みの親として知られる前島密は来輔から密、後に静岡県知事となる関口隆吉は艮輔から頼藻、元新番組で牧之原開拓に従事していた中條金之助（景昭）は潜蔵にそれぞれ改めた。静岡藩の改名命令は武士以外にも波及し、久能山東照宮の神職も名前を改めた。一般庶民もこの命令に従い、実際に改名した人々が多かったという。

静岡藩は、明治政府が出した命令（百官・国名の廃止に伴う改名）を拡大解釈し、改名の必要がない右衛門、太夫、兵衛などの名前を使っている者まで一律に改名させたのである。新政府に対して、反乱の意思無きことを徹底して明らかにしておかなければならなかった藩としての配慮だったと思われる。

一方で、維新後に静岡藩士となる道を選ばずに新政府に仕えた旧幕臣や、他藩の藩士は必ずしも改名はしていない。

第5章　日本初の株式会社「商法会所」

1　迅速に進められた計画

五〇万両の石高拝借金

誕生したばかりの明治新政府は、慢性的な財政難を打破すべく新しく太政官札という紙幣を五〇〇〇万両分も発行した。しかし、通貨の信頼は時の権力への信頼が大前提である。ようやく戊辰戦争を抑えた新政府だが、いつまで続くかはわからない。金銀の現物に比べればそのような紙幣に民衆の信頼が集まる道理はない。当然ながら十分には流通しなかった。そこで新政府は策を講ずる。太政官札流通を促すため諸藩に石高に応じて金を貸し付け、年三分の利子で一三年賦での償却を命じたのである。七〇万石の静岡藩には、合計七〇万両が貸し付けられることになり、栄一が駿府に到着した明治元年末段階での貸付金額は五三万両に上っていた。

石高拝借金のことを聞いた栄一は早速、ヨーロッパで得た知識を活かす策を考え、勘定頭の平岡準蔵を訪ねた。先日、勘定組頭を辞したことを詫びながら、拝借金の使い道について、次のように提案したのである。

「静岡藩の拝借金五〇万両をうかつに藩の経費に使用した場合、返済をどのように考えているのか。静岡藩は新たに置かれた藩であり、これまでの蓄積がない。その上静岡の風土は狭く歳入も見込めない。政治的に一度破産した静岡藩（徳川家）は、今度は経済的に破産することになる。これを予防するためには、石高拝借金をすべて藩の一般会計から切り離した特別会計とする。これをもとに殖産興業に努め、その利益を返済に充てれば、藩の利益になるだけでなく、民衆のためにもなる。一人の力ではとてもできないから、西洋にある合本《がっぽん》法の採用を急ぐ必要がある。石高拝借金を基礎として、地元の資本を合わせて商社をつくれば、静岡は発展するだろう。それだけでなく、静岡で合本法による商売が成功すれば、それが全国に自然と伝播し、日本の商業維新となるだろう」

計画を聞いた平岡は感心し、具体的な方法の提出を栄一に命じた。

このやりとりは明治四四年「竜門雑誌」（二七九号）によるが、具体的にいつ行われたのかは記されていない。栄一自身の日記によると、明治二年の正月元日条に「朝商法会所之儀見込書取調、夕平岡四郎（準蔵）を訪ふ」とある。何と栄一は正月元日早々に商法会所の企画書を作り、夕方には平岡準蔵を訪ねているのである。

日ごと進む話し合い

そして翌二日、栄一は平岡から指示された計画書を作るため、一人の駿府町人を呼び出す。栄一日記の一月二日条に、「当地町人萩原四郎兵衛へ罷り出るべき旨申し遣わす」とある。

翌一月三日朝、新天地駿府で藩の財政再建に燃える栄一と、幕末から駿府の発展に尽くしてきた萩原四郎兵衛がついに出会ったのである。栄一がいかにして萩原の存在を知ったのかを示す史料はない。恐らく、萩原が明治元年段階で藩の産物会所計画に関わっていたので、平岡ら藩の上層部からその存在を聞かされていたと推測される。

目的を同じくする二人はすぐに行動を開始した。平岡らから命じられていた計画書をその日のうちに書き上げ、翌四日の午後には提出。栄一は商法会所開設のためにさらに動きを加速する。五日には萩原と並ぶ駿府の豪商北村彦次郎と面会して商法会所について話し合う。翌六日にはそれを踏まえた見込書（計画書）を大久保一翁に提出した。計画は、藩の上層部の知るところとなり、一〇日に栄一は藩の中老衆列座の場で商法会所の計画を逐一述べる機会を得る。その日のうちに栄一は、再び萩原、北村と商法会所について打ち合わせに臨む。

一一日に藩の中老衆からの返事がないと、栄一は早くも翌一二日には催促に行き、中老衆も近々沙汰するとその思いに応えた。

一三日午後、藩から御勘定頭支配中老手附を命じられた栄一は、商法会所の予算調べの終了を報告して藩庁を後にする。この日も北村が栄一のもとを訪れ、商法会所設置に向けて話し合いを重ねた。

一四日には、商法会所に関わる藩士として御勘定に矢村小四郎、御用取締に坂本柳左衛門がそれぞれ命ぜられる。一五日には商法会所が置かれることとなった紺屋町の元駿府代官屋敷の破損箇所や、事務所として使う部屋の間数の調査が行われた。

そして一六日、商法会所の事務所となった元代官屋敷に出向いた栄一は、萩原をはじめとする駿府町人九人を商法会所の御用達商人に任命し、商法会所開設を宣言した。それから藩庁に赴き、商法会所の御用向きについて大久保一翁へ報告した。

家康の月命日にあたる翌一七日、栄一は久能山に参詣した。帰宅後は終日商法会所の規則や領内へ出す達書の案文を作成した。そして、いよいよ一八日、栄一の日記に初めて「会所出勤」の文字が見える。出勤した栄一は、大工には事務所の普請を、畳屋には畳の張替えを命じた。大久保一翁に対しては商法会所設置に関する領内への触れの文案を提出し、関係書類を仕上げた。

こうして栄一は、明治二年正月元日に平岡に提案した商法会所の設置作業をまさに畳みかけるかのように進め、わずか二週間ほどで形にしてしまうのである。

2　練り上げられた規則

「見込書」にうたった理念

前節では、駿府商人たちによる産物会所計画から栄一を中心とした商法会所設置までの動きを見てきた。二度にわたって静岡藩に却下された産物会所計画を栄一はどのように練り直して藩上層部を納得させたのだろうか。栄一自筆による商法会所企画書、全九条の「組合商法会所御取建之儀見込中上候書付」(以下、見込書)にその答えがある。

「見込書」冒頭で、栄一は「士農商の差別無く」と、商法会所は身分による差別をせず、出資額の多寡にかかわらず加入することができるようにするとした。その目的は「全市民戮力《りくりょく》之商法」。戮力とは力を合わせることだ。

理念に続いて具体的な構想が記されていく。商法会所への加入方法として掲げたのは二つ。一つは商法会所から融資を受け、何人かで「組合」を作って商売を行い、その利益の一部を商法会所へ積み立てる「組入」。二つ目は商法会所へ出金のみを行い、商売はせずに利益の一部を受け取る「利金」であった。江戸時代の株仲間では当たり前だった運上、冥加、株金といった営業税・上納金の

静岡藩商法会所の資本規模

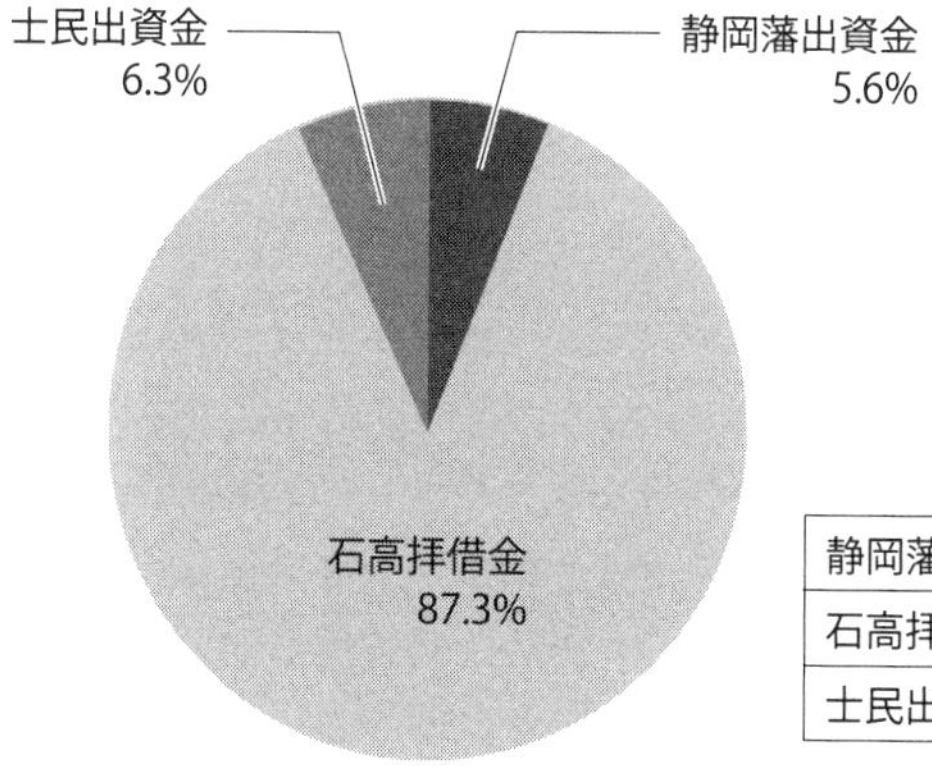

静岡藩出資金	16,682両
石高拝借金	257,463両
士民出資金	18,625両

内　訳	金　額
静岡藩出資金	１６,６２８両２分　永１０文８分４厘　※１
石高拝借金	２５７,４６３両　余り　※２
士民出資金	１４,７９５両２分　永４１文７分
	３,８３０両　※3
合　　計	２９４,７１７両０分　永５２文５分４厘

※１　3分の1は、栄一によるフランス滞在中の運用益、永は永楽銭の略で銅貨の名目的呼称。金の両とは別に記載される
※２　太政官札（金札）385,951両永46文9分を太政官札148両3分につき正金100両に換算
※３　太政官札による士民出資金。正金との換算は※２と同じ

『渋沢栄一伝記資料』第２巻 p108、佐々木聡「渋沢栄一と静岡商法会所」（『渋沢研究』7号、1994）p65 表-2「静岡商法会所の資本規模」から作成

加入手続きは排除するとした。商売は一人では盛んにできない。栄一は、西洋で行われている「共力合本法」を採用する必要があると考え、それを「見込書」に反映させたのである。

商法会所の設置場所には、駿府のほかに清水と横浜を挙げている。ただ、横浜については「差し支えることもあると思うので」と先送りとした。横浜出店は、静岡の有力な国産品であり、貿易品でもあった茶の売り込みをもくろんだものと考えられる。また、当面は茶を第一に漆器や椎茸の生産を奨励するとしているが、「追て養蚕の仕法が開かれれば、輸出品はしだいに増加するだろう」と、当時の輸出品第一位であった生糸に期待を寄せている。

さらに、商法会所はあくまでも商売を盛んにするための組織であって、貸付業務に偏らないようにと釘を刺している。貸付への偏重は、後々御用達との間で問題となっていく。商法会所の資金については、自身がフランス滞在中に運用で得た利益を一部組み込むとした（フランスでの資金運用については後で述べる）。

中でも、地元の商人たちを登用して商法会所の実務を担当させようとしたことは特筆される。「尚人選の上、申し上げるべく」と断ってはいるが、目安として「横浜商ひ」の経験があることと、「世間之聞」（世間の評判）が良い者を挙げている。駿府町人たちは、横浜開港を目前にした安政五年（一八五八）夏、日本中がコレラの大流行にあえぐ中、横浜に集団出店するための準備を重ね、翌年横浜が開港されるとすぐに共同運営する店舗を開き、大規模な茶の売り込みを成功させた実績があった。栄一は、こうした経験に着目し、藩の貿易を担当させることも視野に入れていたに違いない。組織運営には藩士だけでは限界があると見越し、商売に長《た》けた地元商人と一体になった組織づくりをもくろんでいたのである。

全領民利潤いたし候ための仕法

登用する商人の人選とともに、栄一は規則を設けて自ら商法会所を取り仕切ろうとしていた。規則は静岡藩上層部、駿府町人らと話し合って作り上げたものだが、そこには栄一の意向が色濃く反映されている。

「商法会所規則」にはまず目的として、「国中の金銀融通よろしく、商売便利相成り、御領民利潤いたし、御国産随って相殖候様との御趣意」とあり、先に出した見込書で示されたことがほぼ取り入れられている。「全領民利潤いたし候ための仕法」として掲げたのが次の全一〇条である。

①組合への加入を望むものは、士農商の区別なく、「商売ニ組込出金」(株式出仕)と「金利取ニテ加入」(信託預金)のいずれの方法で参加しても自由である。脱退を希望する場合は、信託

の者については勘定が済み次第、元金利を返済し、預金加入者には月割りで元金利を返済する。ただし、加入後一年未満で脱会するものに対しては三カ月までを無利子とする

②出資金に対しては、申し出により会所の印を捺印した証書を発行する。これについては匿名での出資も可能である。株式出資加入者については、年末に決算をし損益とも加入金額に応じて配当するが、利益金の二割は会所の積立金とする。また、預金加入者に対しても、年一割二分の利息を支払うが、そのうち二分を会所に積み立てる

③商売はすべて御用達商人および会所付き商法取り扱い商人へ一任し、決算および出納は掛役が検査する

④移出入品の相場は、御用達商人と会所付き商人が決めるが、独占的にならないようにし、できるだけ高値で買い入れて安値で売り渡すようにする。もし自分勝手に相場を立てて民衆を苦しめた場合は取り調べ、営業停止とする

⑤利息分の金額は、元金に加えても別途加入金としても自由である

⑥証書を焼失または紛失した場合は、代わりの証書を発行する

⑦加入金のうちから臨時に借用を希望する場合は、年一割五分の利息とする

⑧会所が焼失した場合、組合の利益金から分割して取り立て、会所の積立金が増加した時に償還

する

⑨会所からの借用金で商売をしたい場合は、移出入にかかわらず商い荷物を担保として日歩三厘の利息で貸し付けをする。担保の荷物は売買が済むまでは会所のものとし、利益損失や売買に要する費用は借用を受ける当人が負担し、荷物を売り払った後で規定の元利を返済すること

⑩商法会所に参加する者は会所へ身元引受書を提出し、災害や商売上の損失で苦しい時は会所の積立金から助成する

このように、「商法会所規則」には商法会所の業務として、投資信託業務（①②）、商品売買（③④）、貸付業務（⑦⑨）などがあった。一般的には、銀行と商社を兼ねたのが商法会所であると言われているが、実務を行っていく上では、⑥⑧⑩のような不慮の事態に対応する保険のような役割も持っていた。

見込書にあった、身分の差別なく加入できること、共同出資による利益の積み立てと配当、商売の独占を禁ずるといったことは大方取り入れられ、利益を上げていくための利率などの細かなことが追加で決められたのが商法会所規則なのである。

3　地元の豪商ら総動員

実務部隊「掛役」

次に、活動を開始した商法会所のメンバー構成を見ていく。静岡藩からは御勘定役中老手附として栄一が実質的な責任者となり、その下に御勘定役として矢村小四郎、平島直次郎、田中彦八ら八人、下役として前田重五郎、萩野健太郎ら五人が置かれた。実務部隊の商法会所掛役になったのは、駿府町人を中心とした藩領内の商人である。

商法会所掛役の中心となる御用達肝煎には、駿府茶問屋・駿府町惣代・郡中惣代・宿駅取締役などを歴任した萩原四郎兵衛を筆頭に、北村彦次郎、勝間田清左衛門が任命された。肝煎に次ぐ御用達介には野崎彦左衛門、野呂整太郎、小川太兵衛、馬場惣左衛門。その下の手付頭取には米屋弥七、柿屋佐右衛門、小澤戸屋（尾崎）伊兵衛といった面々。さらに御用達としては、後に初代安倍郡長となり安水橋を架けたことで知られる亀屋五郎左衛門（宮崎総五）が命じられた。いずれも、地元の豪商や有力者である。

掛役には駿府の者以外もいた。清水の江川政八、江尻宿の望月治作、東海道の各宿からは丸子宿

商法会所・御掛り一覧（明治２年４月）

担　当	名前（居所・役職）
御貸付掛	萩原四郎兵衛（静岡・御用達肝煎）、北村彦次郎（静岡・御用達肝煎）、勝間田清左衛門（静岡・御用達肝煎）、野崎彦左衛門（静岡・御用達肝煎）、宮崎五郎左衛門（静岡）、塚本孫兵衛（静岡）
商法掛	北村彦次郎、勝間田清左衛門、萩原四郎兵衛、野呂整太郎（静岡・御用達介）、小川太兵衛（静岡・御用達介）、馬場惣左衛門（静岡・御用達介）、和田平七（静岡）、多々良藤右衛門（静岡）
金銀立御用	北村彦次郎、勝間田清左衛門、野崎彦左衛門、野呂整太郎、小川太兵衛、馬場惣左衛門、大黒屋六右衛門（東京）
商法懸引方	米屋弥七（静岡・手付頭取）、柿屋佐右衛門（静岡・手付頭取）、小沢戸屋（尾崎）伊兵衛（静岡・手付頭取）
金子融通方、組合商法身元見届引請	北村彦次郎、勝間田清左衛門、野崎彦左衛門、野呂整太郎、馬場惣左衛門、和田平七、多々良藤右衛門、望月治作（江尻・手付）、江川政八（清水・手付）、松村惣五郎（城之腰・手付）、平四郎（藤枝宿、手付）、古知次郎兵衛（丸子宿・手付）、惣兵衛（岡部宿・手付）
金銀融通方、最寄商人取締	松永安兵衛（平垣村）、増田与太夫（中新田村）、秋野平右衛門（島田宿）、天野猿之介（島田宿）、平四郎（細嶋村）、荘四郎（上青島村）、孫十（一色村）、銀次郎（請所村）、田中与兵衛（興津宿）、高瀬源右衛門（大宮町）、池谷七右衛門（大宮町）、鹿島屋甚太郎（沼津宿）、和田屋伝兵衛（沼津宿）

徳川宗家文書「商法会所掛役々の儀に付き勘定頭伺」（『静岡県史』資料編近現代１　p218、龍澤潤「静岡藩商法会所の設立について―商法会所・常平倉の理念をめぐって―」（『白山史学』37号、2001）p9【表１】を基に作成

の古知次郎兵衛、岡部宿の惣兵衛、藤枝宿の平四郎、島田宿の秋野平右衛門と天野猿之介らが名を連ねる。駿府からはやや離れた富士郡平垣村（富士市）の松永安兵衛や、大宮町（富士宮市）の池谷七右衛門、高瀬源右衛門、さらに沼津宿の鹿島屋甚太郎、和田屋伝兵衛の名も見える。御用達商人は総勢四〇人以上を数えた。言わば静岡藩領国（この段階では駿河一国から）の豪商たちを総動員したのが商法会所だった。

御貸付掛と商法掛

栄一の見込書や商法会所規則で見てきたように、商法会所の主な仕事は領内の農村に対する資金、肥料、大豆の貸し付けと商業による資金運用であった。貸し付けを行う御貸付掛は萩原四郎兵衛が責任者を務めた。商業を行う商法掛は北村と勝間田が責任者になった。

萩原は商法会所に関する膨大な記録を残したが、御貸付掛であったため自然とその内容は貸し付けに関する事柄が多い。それでも全般を見渡す立場にあった萩原の記録からは商法会所の業務をかなり詳細に復元することができる。特に、萩原が残した「商法会所・常平倉日記」は商法会所のほぼ全期間の出来事が記された貴重な史料だ。東京と清水、静岡を忙しく行き来する栄一と、その留守を預かっていた萩原の様子がうかがえる。他の御貸付掛・商法掛に任じられた御用商人たちも、商法会所に月番で出勤し商法会所の発展に尽くしたようだ。
　御貸付掛と商法掛の下にあった具体的業務は「金銀包立御用」「商法懸引方」「金銀融通方」「最寄商人取締」「組合商法相営候者身元引請」である。「金銀包立御用」は、幕末から続く悪銭の流通に対する監察業務で、商法会所「東京本店」に大黒屋六右衛門（駿府商人）が入り、東京での肥料購入業務と兼任した。「商法懸引方」は商法掛、「金銀融通方」は御貸付掛の下で業務を担当した。金銀融通方は、それぞれが居住する周辺の農村や在方町への融資を主たる業務とし、加えて「最寄商人取締」として周辺地域における「組合」など、商法会所から融資を受けている人々の監督業務も担当した。富士郡を例に挙げると、現富士市域は平垣村の松永安兵衛（整）が、現富士宮市域は池谷七右衛門と高瀬源右衛門がそれぞれ貸し付けを必要とする村々への周旋を担った。

商法会所の印章
（『静岡市史編纂史料』四巻）

　このように、商法会所掛役は主要な役職を駿府町人で固め、交通の要所である宿場、さらには周辺農村や在方町の商人へと展開した。商法会所は多くの地元商人たちの協力を得て動き出したのである。

商品の入札

商法会所の業務再検討の引き金となった貸付業務の在り方については、次章で詳しく述べる。ここでは、北村を中心に行われた商法掛の業務の中でも特に大きなウエートを占めていた商品の入札について触れよう。

第三章で紹介した「駿府町会所文書」の「御触留帳」には、商法会所の業務がスタートした明治二年、静岡藩庁から駿府町会所に対して出された商法会所取扱商品の入札案内の写しが散見される。商法会所が扱った商品は、駿府城内の不要になった建物（駿府加番など武士が詰めていた詰所と思われる）の材木、水油（液状の油）や鮭、肥料、結城縞など多岐にわたっていた。特に目立つのが米や麦である。これまで何度か言及したが、当時の静岡では米が不足していた。藩領内に足りないものを確保し、不足解消を図ることも商法会所の目的に沿っていた。

商法会所が扱った商品は、ほとんど清水湊に荷揚げされた。米について生産地を見ると、備中（岡山県）、豊前（福岡県・大分県）、常陸（茨城県）、摂津（大阪府）、上野（群馬県）、伊予（愛媛県）、肥前（佐賀県）、美作（鳥取県）、筑後（福岡県）、肥後（熊本県）と全国各地に及んでいる。これらの米は、清水廻船問屋の松本長八と栄一が依頼した大阪商人が地元の米市場で仕入れ、商法会所所有の船で清水湊へ運ばれた。幕末に一橋家の財政改革一つとして米の販売を成功させ、流通にも詳しかった栄一の経験が生かされた。

また、米と並んで多くを移入した肥料については、商法会所事業加速のため、明治二年三月、栄一自ら東京で肥料の吟味にあたっている。静岡藩領外からの商品仕入れは利益で貸付掛の業務には及ばなかったが、米をはじめ藩内で不足する物資を効率的に移入する助けとなった。

太政官札を現金化

栄一は商法会所を、①貸金業務②農業を盛んにするための肥料販売③食糧問題解決のための米購入―の順に進めるべきと考えていた。計画の障害となっていたのは、石高拝借金が「太政官札」であったことである。

先に述べたように、誕生間もない明治新政府が発行した太政官札の信用度は低く、特に地方では評判が悪かった。それにどう対応したらよいか―。栄一は商法会所スタート間もない二月、三井の大番頭三野村《みのむら》利左衛門《りざえもん》に相談するべく東京へ向かった。静岡を出発した正確な日はわからない。萩原の「商法会所日記」にも『渋沢栄一伝記資料』にも、明治二年の一月一九日から、栄一が東京から戻る直前の三月一一日までの一カ月半が掲載されていないのである。『伝記』に載らなかったのは、編さんの段階であえて栄一不在の期間として除かれたからかもしれない。栄一は、東京に出たのは二月のことと回想している。

東京で栄一は、商法会所の東京本店を任せていた大黒屋六右衛門の番頭の口利きで、三野村利左衛門と面会した。栄一は商法会所の事業について、鰊粕《にしんかす》と油粕、肥料を東京で仕入れ、大阪では米を仕入れると説明した。その上で、太政官札では物が買えないから、何とかして現金に引き換えてもらえないか三野村に依頼した。

三野村は、説明を素人の甘い目論見と思いながらも協力を承諾した。太政官札で貸し付けられた石高拝借金は三野村によって、ほとんど現金化された。引替のレートは低く、太政官札額面の二割は安くなったが、それでも栄一は、当時の太政官札が流通していなかった段階では大いに助かったと回顧している。現金化した石高拝借金を元にして、栄一と商法会所は快進撃を見せるのである。

4　事業拡大と清水湊

積極策次々と

商法会所をスタートさせ、太政官札の換金に成功した栄一は、三月一二日に静岡へ戻った。翌日から四月五日までの間、明治天皇東幸の一団が駿府を通過した三月二二日以外は一日も休まず、萩原四郎兵衛と共に毎日出勤した。その間、三月一八日には見附宿（磐田市）の役人たちが商法会所出張所取り建ての願書を提出してきているが、これが実際に取り建てられたかは不明である。

見附宿の願書提出の背景には、栄一による商法会所の業務拡大策があった。この日（三月一八日）、静岡藩勘定頭の小栗、商法頭取の栄一および勘定役列座の会議が開かれ、萩原ら駿府の御用商人も出席した。その折、小栗と栄一から出された提案に対する萩原らの回答書、回答書に対する栄一の返書の写しが、萩原家文書「商法会所規則議事記」にある。

小栗と栄一は一四項目にも及ぶ提案をし、萩原らは一〇項目の回答書を提出した。ここでは、先に見た商法会所規則から一歩踏み込んだ具体的な資金運用の利率について意見が交わされているほか、東京・大阪の商人を含む商法会所に参加する商人の増員策、さらには商法会所の営業時間や休日についても言及している。栄一は、事業が拡大すれば臨時営業日や営業時間の延長もあり得るとしている（実際に提案どおりとなったかは不明）。

一方で、萩原たちも積極的だった。清水と浜松に商法会所の出張所を設け、他にも随時出張所を増やしていくべきであると意見している。萩原の「商法会所日記」によれば、記録が残る三月一八日以降、清水湊だけでなく焼津、福田《ふくで》（磐田市）、掛塚（同）にも静岡藩士が出役し、それぞれの湊の商人を商法会所の手付に任命。領内の湊を、清水同様に商法会所の下で組織化しようという動きが進みつつあった。

また、萩原らの関心は差し迫った新茶シーズンにも向いていた。回答書には新茶買い入れ方については別紙で提案するとしており、茶に対する重要な位置付けをうかがわせる。この史料には、製茶のための資金貸付に関する記事も多く見られる。茶生産者への資金貸付は長年、駿府の茶問屋一軒ごとに個々に行う仕法だったが、商法会所では、村役人が貸し付けを求める村人を取りまとめ、願い出る方式を取った。駿府から離れた地域では、金子周旋を担当した御用達たちが取りまとめて商法会所との仲立ちをした。

栄一は、商法会所手付となる「最寄」（駿府以外の領内に居住する）の御用達のうち、頭取となるべき者、金子融通御用（出資）を申し付けるべき者の人選について、萩原に意見を求めたようだ。地元の茶取引のノウハウを熟知したベテランの手腕を買っていたのである。

清水出張所にてこ入れ

栄一が初めて清水に出張したのは四月六日のことで、一泊し翌七日に駿府へ戻った。八日には商法会所の職制変更が行われているから、それについて清水の商人たちと打ち合わせたのであろう。

家康の命日に当たる四月一七日は、久能山東照宮の祭礼のため栄一は仕事を休んだ。翌々日の一九日に開設された商法会所清水出張所をてこ入れすべく、二〇日から清水へ長期出張した。期間は五月一〇日までの約半月にもわたり、三月に血洗島村から千代と歌子を呼び寄せた六年ぶりとなる家族だんらんは早くも崩れてしまう。それを嘆く栄一の手紙が清水から千代に送られている。

栄一の長期出張の様子は、萩原四郎兵衛の「商法会所日記」に記録されている。商法会所の清水出張所（史料上では清水湊商法会所、あるいは清水商法仮会所などと記される）が開かれた翌日の四月二〇日、栄一は清水湊に出張する。それから数日間の足取りは詳細にはわからないが、出張中は、駿府の商法会所留守を預かる萩原から毎日のように藩からの「御用状」が届き、栄一は間を置かずに返書を書いている。

「商法会所日記」からは、貸付業務の詳細、つまりどの村に何を目的としていくら貸し付けたのか、清水でどんな荷物の入札が行われたか、商法会所への投資がどこの商人からどのくらいあったか、といったことが手に取るようにわかる。商法会所の業務は萩原が取り仕切っていたのだが、判断しかねる事態もたびたび起きていたようだ。萩原は判断に迷う貸付などの案件には、貸付願書に意見書を添えて、指示を仰いでいたようである。ようやく駿府へ戻った栄一は、休むことなく翌日から毎日商法会所に出勤し続けた。

新事業見越して五人組合

商法会所には静岡藩領内の多くの商人たちが参加した。ここでは清水の商人たちの商法会所への関わり方を見ていこう。商法会所に参加した代表的な清水商人グループとして、江尻宿の紙商人望月治作、廻船問屋篠島屋忠三郎、それに綿屋甚吾兵衛、西ヶ谷喜之右衛門、柴田屋直三郎が加わった「五人組合」がある。

望月たちは、商法会所の参加方法の一つ「組入」で参加した。明治元年秋にはすでに行動を開始し、「会社元金貸付仕法書」という企画書を作成していた。これは、会社元金の一万両を一〇年間運用した場合、どれくらいの利益を出すことができるかを概算したものである。ここで言う「会社」の事業とは金融と商業。商業部門については横浜出店計画に触れていて、貿易をも見越していたことがわかる。そして概算で、年二割の利益を配当しても、一〇年後には元金は二万三九一三両と当初の二倍余になると見込んでいる。この文書は差出と宛所を欠き、下書き段階のものと思われるが、駿府の萩原四郎兵衛らの他にも新たな事業を行おうとしていた商人が清水にもいたことを示す史料であろう。

また望月らは、商法会所清水出張所が開かれた前後に「組合商法取扱振手続書」と、「組合商法証書之事」という文書を商法会所に提出している。手続書では、各自の出金した一万両と商法会所からの融資一万両の合計二万両を元金に、製茶や米などの商品について、組合で相談し商法会所に申告の上で買い入れることが記されている。特徴的なのは、他の商法会所御用達から求めがあれば、望月ら五人組合の取引帳簿を開示すると、明確にうたっていること。さらに海難事故のリスクと隣り合わせであった清水湊の商人らしく、海難による荷物の取り扱いについて書いていることである。

手続きは商法会所規則にのっとったものであった。組合商法証書からは、東京、兵庫、大阪、横浜をはじめとして、中国、九州、北国筋に至るまでの広い地域で商売を行おうとしていたことがうかがえる。望月ら五人組合は商法会所に認められ、融資を受けて活動した。

望月らは商法会所を利用するだけではなく、実務をも担って、活動に主体的に参加していたのだ。この事例からわかるように、藩の側としても領内の有力商人へ協力を呼びかけて、彼らを商法会所に組み込んでいったのである。

輸送手段に「人力車」

江戸時代、清水湊から駿府へと荷物を運ぶ場合は通常、小型の船や艀《はしけ》で巴川をさかのぼり、上土あたりからは現在の北街道を陸路運んでいた。輸送の効率化を目指して何度も巴川から駿府城付近までの運河開削計画が出されたが、運河によって耕地を失う千代田付近の人々の反対と幕府の財政難で、結局実現することはなかった。

清水湊と駿府間の輸送には、他に牛車が使われていた。江戸時代、牛車の使用を許されていたのは京都と駿府、全国でも他に数カ所しかなかった。決して大規模ではなかったものの荷を運ぶ手だての一つだった。

栄一による商法会所清水出張所へのてこ入れと並行して、静岡藩当局も新たな輸送手段の導入を進めた。駿府の「御触留帳」によると、藩庁からは「人力車」による輸送業開業を望む者は申し出るよう触れが出ていた。相当数の人力車営業の希望者もいたようである。ここでいう「人力車」とは、文明開化の象徴のようになった人を乗せるタイプではなく、いわゆる大八車のような荷車を言うのだろう。ただ、栄一の日記や萩原の「商法会所日記」にその様子は伝わっていない。

不発に終わった業務改善案募集

商法会所に関する藩の触れが、開業間もなく駿府に出された。そこには、より良い商法会所、さらには静岡藩政を目指し、広く業務改善の提案を受け付けるとあった。提案の方法も具体的に記されていた。業務改善提案書には提案者の名前を付して、毎月六日に藩庁へ提出することとされた。

駿府町方は、触れを受けて提案書提出について会合を行った。町の代表となっている者には、萩原四郎兵衛や北村彦次郎をはじめ、商法会所に参加している商人たちも多く含まれていた。

彼らがまとめた提案書は、具体的な業務改善に向けた方策というよりは提案のさせ方についての注文がほとんどだった。例えば、提出日を六日に定められると、その日は仕事を休まなければいけなくなるので、提出日を限定させないでほしい。提案者による直接提出ではなく、代理人による提出や無記名も認めてもらいたいというものである。言わば入り口論に終始していた。業務の改革、改善に取り組む現在の組織においてもありがちなことかもしれない。

この結果を受けてかどうかはわからないが、「御触留帳」から商法会所の業務改善提案書受付に関する記事は見えなくなる。期待外れの反応に、中止となったのであろうか。この業務改善提案募集については、栄一も萩原も触れていない。藩の行政方の独自の発案だったのかもしれない。

コラム5

千代への手紙

渋沢栄一は生涯で二人の妻を持った。最初の妻は、渋沢家の親戚で栄一の学問の師とも言うべき尾高惇忠の妹千代である。天保一二年（一八四一）生まれで、栄一とは一歳違いであった。栄一と千代は安政五年（一八五八）一二月、祝言を挙げた。四年後に授かった長男をわずか半年で亡くした翌文久三年（一八六三）に長女歌子が生まれたが、その年栄一は家族を故郷に残し一橋家家臣として京都へ赴く。慶喜が一五代将軍職に就き幕臣となった栄一は、さらにフランスへ渡り、彼の地で大政奉還を知る。そして帰国、静岡藩士に––。栄一と千代は実に六年もの間、離れ離れだったのだ。この間、栄一はたびたび千代へ手紙を書いた。フランス滞在時は文に加え、髷を切り落とした自らの写真も同封している。

静岡藩士であった一〇カ月の間に千代へ送った手紙は、『渋沢栄一伝記資料』によると九点ある。そこからは栄一の千代への思いが浮かび上がる。いくつか紹介したい。

①明治元年冬（月日不明）　静岡への引っ越し準備を求める手紙

静岡藩士となった栄一は、とにかく千代と歌子を静岡へ呼び寄せようとした。あらましは以下のようである。「来春には駿府に呼び寄せるつもりなので、そう心得ておくように。駿府に来たら血洗島の頃よりも手習いの指導をする。春には東京まで迎えに行くので、それまでに支度を整えてもらいたい。衣類などは粗末なもので構わない。歌子に良いものは持ってくるようにしてほしいが、荷物はなるべく少なくしてほしい」。文面からは、栄一の静岡での一家だんらんの新生活への期待が読み取れる。

②明治二年二月五日　栄一の東京出張に合流し、一緒に静岡へ行こうと誘う手紙

商法会所の事業開始のため、金札の交換や肥料の買い付けを自ら行うために、栄一が東京に長期出張していた時に書いたものである。「急いで」あるいは「一日も早く」という言葉が計六回も繰り返されていて、文面には何としても千代と歌子に会いたい気持ちがにじみ出ている。

③明治二年四月二三日　出張中の清水からの手紙

三月に千代と歌子が静岡に到着し、ようやく七年ぶりの一家だんらんの時を手に入れた栄一だったが、商法会所の激務はそんな渋沢家のささやかな幸せも奪ってしまう。四月になると、栄一は商法会所清水出張所開設と蔵の増設のために、半月以上もの間、清水で仕事に当たる。手紙では、商法会所の御用向きに思いのほか手間取り、静岡に帰るまでもう一週間ほどかかってしまいそうだと知らせている（実際には五月一〇日に静岡へ戻る）。千代に対しては、兄の尾高惇忠へ金の工面をしてやってほしい、無用の出費を避け、歌子の素読の世話を頼みたいと書き、さらに、夏服を仕立てておくこと、栄一の留守中は来客が少なくて暇だろうから千代自身も手習いに励んでおくよう伝えている。

歌子の教育、千代自身の学習、衣類の準備、無用の出費を避ける―などのくだりは、この時期の千代宛ての手紙に頻出する栄一のフォーマットとでもいったらよいだろう。

④明治二年六月一二日〜七月二二日　長期出張中の東京からの手紙

フランス滞在中の運用益についての説明を行うため、東京へ長期出張をしていた時に書かれている。出張は約二カ月にわたり、栄一が千代に宛てた静岡藩時代の手紙は、既に取り上げたもの以外はすべてこの時期のものだ。第一報にあたる手紙には、無事東京に到着したこと、「尾高惇忠からの手紙が届いたことのほか、大久保一翁からもらった袴の夏袴への仕立て直しや歌子の夏の着物の準備などを頼んでいる。

栄一は、離れ離れの境遇にいらつきながら続けて五通の手紙を千代に書き送っている。いずれも出張が長引いて困っていること、買った土産を静岡に送ったこと、着物の準備や歌子の教育をしっかり行ってほしいこと、無用な出費は避けることなど決まり文句を連ねている。

目を引くのは、出張先で寂しくなったのか、栄一が「お互いの気持ちを知っておくためにもっと文通をしよう」と千代に呼びかけていることである。ただ、その希望は無視されたようで、東京から最後に送った文には、「お前からの手紙は結局こなかった」と栄一の嘆き節が綴られる。六月二〇日の手紙には、「新島原の遊郭にでも繰り出そうとしたが刀を差していたら止められたので、吉原にでも行こうと思う」と浮気を宣言するような文面が見えるが、これも千代に構ってもらいたいがゆえの作戦だったのかもしれない。

また、栄一は東京から静岡へ様々な土産を送っているのだが、「駿河の方が出来は良い」と、重箱だけはわざわざ避けている。江戸時代から駿府の特産品として知られ、駿府商人たちが横浜開港後、お茶に先駆けて売り込もうとした駿河漆器は、恐らく栄一の目にも上等と映ったのであろう。ちなみに、栄一と家族が静岡を去る時、萩原四郎兵衛たち御用達は栄一と千代、歌子にそれぞれ硯箱を送別の品として贈っている。

第6章　常平倉への改称

1　藩と商法会所御用達の対立

フランス滞在の残務処理

商法会所清水出張所を完成させ、事業拡大のための出張を終えた栄一は、その後も二〇日ほどは駿府で業務に専念できたようである。商法会所が軌道に乗ったことを裏付けるかのように、萩原四郎兵衛の「商法会所日記」にも、栄一の行動は「会所出勤」以外は記されなくなる。しかし、またしても栄一に出張命令が下る。今度の行先は東京。期間は二カ月を超し、静岡藩士時代の栄一にとって最も長くなる。

仕事は、栄一が幕末に徳川昭武と共にヨーロッパ、フランスに滞在していた時の会計報告だった。フランスを離れる際、フランスの名誉領事であった銀行家フロリヘラルトに委託していた昭武一行の家賃返戻《へんれい》と家具その他什器の売却について、事情説明を求められたのである。栄一は、六月六日に駿府を出立、会計報告は六月一二日を皮切りに複数回にわたった。

栄一より先に呼び出されたのは、静岡藩東京事務所の役人であった関口艮輔《ごんすけ》（後の初代静岡県知事関口隆吉《たかよし》）らであった。六月二日に命令を受けた関口らは、翌三日に出頭した。そこで、栄一がフランスでフロリヘラルトに託した資産運用益を、明治新政府のものとするか、徳川昭武のものとするか取り調べると伝えられた。突然のことに驚いた関口らは即答を避けて猶予を願い出た。関口は、栄一を上京させ本人が到着次第、説明すると回答した。

そして一二日、いよいよ新政府との長い交渉が始まった。栄一は、フランス滞在中に現地関係者との間で資産運用のやりとりをした書簡、昭武の旅費と諸道具の調書など五冊を証拠書類として提出し、それぞれについて詳しく説明した。

現地で大政奉還を知った栄一は、幕府からの送金は以後止まってしまうかもしれないと考え、徹底的な経費削減と現有の資金を運用して幕府に頼らなくとももしのげるよう策を講じた。帰国までの間を手当てする程度の金額だったのなら、問題にはならなかったろうが、資産運用の結果、二万両をはるかに上回る利益を出してしまったのだ。

運用益については、栄一が帰国して商法会所をスタートさせた明治二年二月、フロリヘラルトから知らされた。栄一宛ての手紙には利益を為替で送金するとあった。栄一は運用益はすべて昭武に渡すべきとする回答を三月七日にフロリヘラルトに送った。判断を迷ったフロリヘラルトは新政府に照会をしたのだ。ここに至って、新政府は栄一がフランスで稼ぎ出した巨大な運用益の存在を知ることとなった。資金難の新政府は二万両を超す運用益に目を付け、自ら懐にしようと、まずは栄一に事情説明を求めることにしたのである。

栄一の説明は明確だった。運用益は昭武のフランス渡航費用の中から出したものであり、無関係な新政府に渡る道理は無い。それを証明するため、膨大な記録を根気強く提示した。栄一の東京出張が二カ月近くにわたったのは、徹底的に新政府に運用益の正当性を主張したゆえなのである。

実際に栄一がこの運用益を手にして昭武へ渡したのは、静岡を離れた後の明治三年八月のことであった。最終的な額は二万六〇〇〇両。逆境のなかで大きな運用益を出した栄一の名声は、明治新政府内で知られるようになっていた。

紙幣使用命令に揺れる

紙幣（太政官札）の流通に力を入れる新政府は、何度も紙幣使用の命令を出している。静岡でも「駿府町会所文書」の「触留帳」に関連記事が確認できる。例えば、三月二二日には「紙幣と正金（紙幣に対する金銀貨幣）の交換に差し支えが無いようにせよ」と、二三日には「宿駅では不行届があっては交通に差し支えが出るので宿役人は紙幣と正金の交換に気を付けるように」との触れが出された（触れは新政府からの命令を受け、静岡藩が藩領内に知らしめるものである）。

この時期、栄一自身は東京で三井の大番頭三野村利左衛門との交渉で、新政府から静岡藩が石高拝借金として受け取った紙幣を額面の八割程度の金額で正金に変えていた。新政府から命令を受けながらも、紙幣を主とした商売の不都合を感じ、現金化を行っていたのだ。

政府からの紙幣使用の圧力は次第に強まっていく。五月八日には、紙幣の積極的な使用を求めるとともに、正金との換金の際に金額に差をつけることを禁ずる触れが出され、萩原四郎兵衛、北村彦次郎、野崎彦左衛門の三人を代表とした駿府の町方が触れに対する請書（承諾書）を提出している。六月一〇日には、正金と紙幣の金額に差をつけることを禁じ、同額での交換が義務付けられた。駿府町方と商法会所は対応に苦慮したようだ。駿府町方は江戸時代以来、町会所が置かれていた七間町の雷電寺で会合を開くが、萩原らは商法会所の対応を決めかね、東京出張中の栄一に指示を仰いでいる。

紙幣の不便さを知っていた栄一も頭を悩ませていたことは、静岡藩勘定役の小栗尚介に宛てた六月二六日と七月一日の書状からうかがえる。次のような内容である。

（六月二六日）

紙幣流通が正金に比べて二割位安いレートで扱われているが、紙幣を正金と差別せず（レートに差をつけない）通用させる厳しい布告が出されて困っている。商法会所の御用達からも再三にわたり書状が送られてきている。一日も早く静岡に戻り状況を確認したいが、東京での取り調べが長引いている。東京では、紙幣の流通が大体行われるようになったので、もはや紙幣使用は止められないことであると考えているが、紙幣は正金の八割程度の値段なので、物価の高騰は三割程度に上っている。この上は、静岡でも物価を引き上げて紙幣を流通させるほかないと思う。すでに、横浜あたりの商人たちが、まだ物価が引き上げられていない静岡へ仕入れに行こうとしているという話を聞いている。彼らは、最初に二割程度を正金で渡し、残りは紙幣で支払いレートの差額を悪用して儲けようというのである。このようなことは、未然に防がなければならない。

紙幣を流通させることについて、御用達たちは私の書状の内容を誤解しているか、または私の書状の書き方が悪かったのかわからないが、紙幣を借り入れることは見合わせた方がよい。紙幣引替については商法会所へ相談をせず、まずは勘定頭の平岡四郎に相談し、東京にある金を送るつもりである。自分も、新政府の取り調べの合間に手続き規則を定め、東京から静岡へ送る品物の売りさばき方について交渉をしている。一日も早く帰れるように新政府へ催促するつもりである。

（七月一日）

商法会所の村方への貸し付けについて、紙幣で貸し付けることが多くなったのはやむを得ないことだと思う。今後は村々への貸し付けはなるべく見合わせるようにしたい。

ヨーロッパ滞在中の運用益のうち一万二五〇〇両を静岡藩が受け取り引き換えることについては、商法会所には関係の無いことなので早々に送金できるようにする。築地商社で壱朱札（紙幣）を刷り始めたようだが、今はまだ東京でしか使えないようだ。これが世に出回れば少しは融通が利くと思うが、今の状況では紙幣と正金の交換の差もあり厳しい様子である。

七月盆前の御用達への手当支給の見込みも立たない。御用達へは書状を送り小栗と相談するようにと伝えたので、よく考えて取り極めてもらいたい。東京で、商法会所法式の手続きを伝習し、すでに諸帳面も準備ができた。

東京では紙幣が流通し物価高となっている。これまでの定額の手当では難渋するので、今回限りでも良いから配慮いただきたい。

栄一の二通の手紙からは、新政府の紙幣流通策による混乱の様子が見て取れる。新政府の重ねての布告により紙幣の使用が強く求められているが、信用の低い紙幣では交換比率が低く結果的に物価高を引き起こしてしまう。そこに目を付けたのが横浜周辺の商人。栄一は、彼らが物価高の始まっていない静岡へ一部を正金で支払う約束で買い付け、儲けようとしている動きを懸念したのである。商法会所から村々への貸し付けにも紙幣が使われるようになり、損失回避には貸し付け見合わせも必要と言及している。実際には備荒貯蓄を第一とする常平倉に組織改組となり貸付業務は継続されたのだが、凶作に見舞われた明治二年の静岡藩領内の村々にとっては死刑宣告ともいえる策にまで踏み込もうとしていたのである。

また、静岡藩のものとなったヨーロッパ滞在中の運用益の一部を送金することも伝えている。為替の現金化は商法会所とは関係なく行われたが、後にこの一部が静岡藩、そして商法会所にも組み込まれる。さらに、東京の紙幣流通の状況を繰り返し伝え、商法会所御用達たちの手当金の支払いの見込みが立たないこと、東京の物価高騰により自らの滞在費にも難渋していることも報告している。

静岡を留守にしている栄一が知らないところで、紙幣問題に苦慮する商法会所御用達と静岡藩士の間には、商法会所の在り方に関する認識の差も少しずつ生じていた。それは抜き差しならない事態となる。

「奸邪には殆迷惑」

東京出張中の栄一のもとに、商法会所の留守を預かる静岡藩士の一人坂本柳左衛門から一通の書状が届く。そこには、萩原ら商法会所の御用達に対する藩士たちの不満が書き連ねられていた。坂本が「萩四宮五之奸邪には殆《ほとほと》迷惑」と、萩四＝萩原四郎兵衛、宮五＝宮崎総五という商法会所御用商人のなかでも御貸付掛の中心人物二人に迷惑しているとし、すでに「勿論翁印（大久保一翁）も昨今少しく心付候様子にも相聞え候（後略）」と、大久保一翁も気づき始めていると書き送っている。

萩原や宮崎は安倍川の川越料金（当時は安倍川には橋が架かっていなかったため、川越人足が旅人を渡していた）のつり銭不足を理由に、銅銭一三〇両分を商法会所から引き出した、と坂本は非難し、茶生産のための資金貸付の返済も思ったよりも捗《はかど》っておらず中止すべきだと述べている。実際、この頃の「商法会所日記」を見ると、茶生産のため貸し付けを受けた村々から、返済延

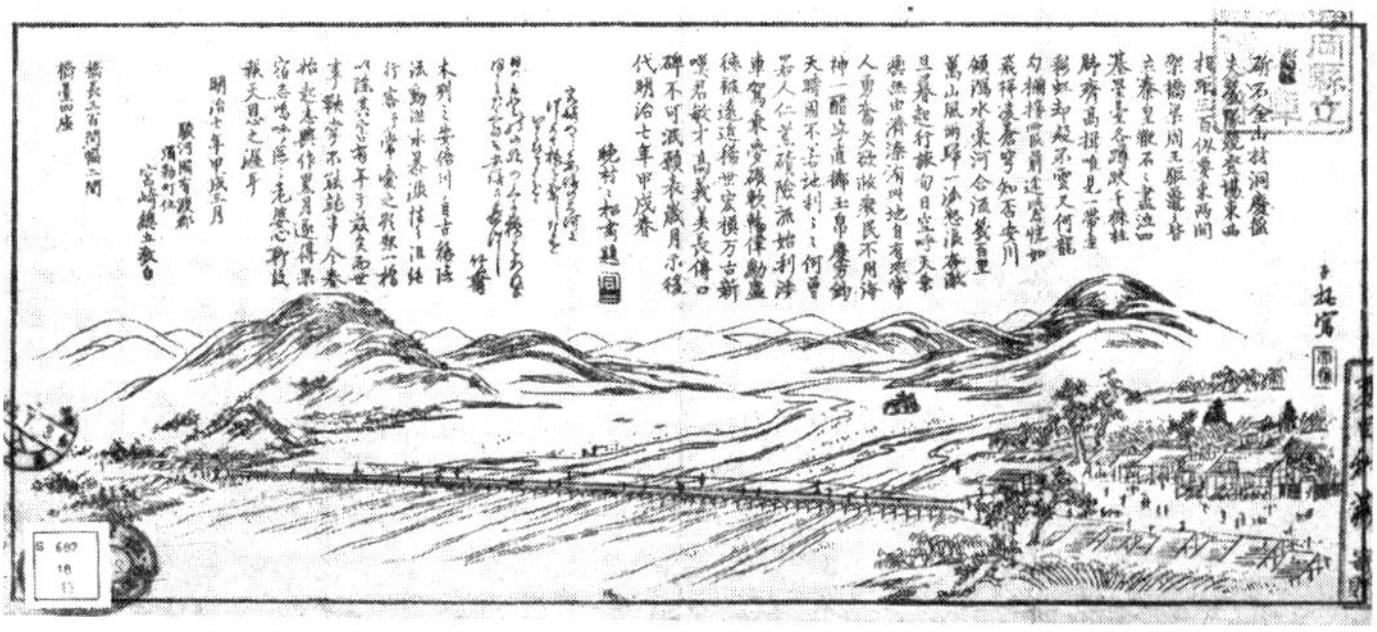

安倍川古橋図。商法会所・常平倉の御用達だった宮崎総五は、後に安倍川で最初の橋となる「安水橋」を架けた（静岡県立中央図書館蔵）

期を求める願いが相次いで出されていた。お茶が儲かるという話を聞いていた坂本ら静岡藩士にすれば、話が違うと思ったのも無理はないかもしれない。

坂本は、商法会所の事業で「御家之御不具合」が生じた場合には、「御《お》家《いえ》之《の》御《おん》為《ため》覚《おぼ》束《つか》なく」なると憂慮していたのである。藩のために一定の現金を保持しておくべきであるとする坂本たちと、殖産興業のためには積極的な投資が必要であると考える商法会所御用達の間には、意見の食い違いが生じてきたのである。

2　組織見直しは不可避

版籍奉還の影響

静岡藩士と御用商人の間の認識の違いは、ようやく軌道に乗りつつあった商法会所の組織再考を求める動きとなっていく。結果的に、組織再編は別の政治的事情によって半ば強制的に行われる。

明治二年（一八六九）六月、新政府は藩主が土地と人民を天皇にかえす版籍奉還を実施した。藩主は知藩事となり、藩独自の活動には制限が加えられるようになった。旧幕府を母体とする静岡藩とすれば、新政府へ一層の配慮を求められる状況が生じたのだ。藩庁からは早速、商法会所に対して、藩の資本で独自に事業を行うことは版籍奉還の趣旨に合わないとして、圧力がかかった。

組織見直しは大久保一翁を中心に行われることとなり、穀物価格の変動を防ぐため一部の藩が設けていた「常平倉」と改称する案が浮上していた。坂本柳左衛門も先の書簡で意見を述べている。坂本は、商法会所名義の組織に静岡藩士を置くことは難しいため、栄一をはじめ商人各々に一時的に組合商法を行わせるのがよいとしている。

栄一もこの事態に頭を悩ませていた。勘定頭平岡へ宛てた書簡には、「商法会所を常平倉と名称変更し、すべてを商人に任せた方がよいという注文だが、死活問題となるかもしれない。ただ穏当な考えだとも思い、懸念している」と記している。

栄一は、常平倉への組織改組に当たり、大久保一翁に対して「商法会所御廃止常平倉御取建之儀ニ付取扱振伺候書付」を提出した。この序文で、栄一は勘定所から商法会所に与えられた資金を一度精

静岡藩商法会所の業績（明治2年8月段階）

内　訳	金　額（永は永楽銭の略。金の両とは別に記載）
総　資　本	294,717両0分　　永　52文5分4厘
利　益　金	85,651両3分　　永231文0分2厘
積　立　金	1,400両1分　　永243文9分1厘
金札積立金	4両3分1朱

『渋沢栄一伝記資料』第2巻 p184、佐々木聡「渋沢栄一と静岡商法会所」（『渋沢研究』7号、1994）p68 表-3 を基に作成

算し、改めて常平倉の資金として積み立てるよう主張した。常平倉を形式的には静岡藩から切り離し、栄一を中心とした組織に改組しようとしたのである。

常平倉が商法会所と大きく変わったのは、その機能として貯穀と米価調整を重視したことである。特に、常平倉のあるべき姿について記した第一条では、常平倉は凶作などの際に人々を救うために存在し、そのために物品売買を行うものであるとした。それ故、私利私欲に走ることのない御用達を登用しなければならないと献言している。

栄一は、御用達の扱いが常平倉への改組に当たって何よりの重大問題であると考え、一条を設けて意見を述べている。静岡藩領は米不足で米を移入しなければならない土地柄で、しかも大量の旧幕臣移住によって人口が急増し、米の不足はより大きな問題となっていると指摘。米の移入、貯穀、米価調節が円滑に行われることが「常平之法」を成り立たせるために必要だとした。御用達に対しては、「私利私欲」に走らないようその能力をもって米の移入に携わらせ、米価安定を第一に据えようとしたのである。

この伺書には、大久保一翁の書き入れがある。彼は、常平倉が藩の利益ではなく「諸民」の利益を重視して機能するよう図りたいという意見であった。大筋では大久保と栄一の意見は同じだった。その理由は、誕生間もない静岡藩にとって民情安定こそが欠かせなかったことに他ならない。

民情安定のためにこそ

大久保や栄一の意見に対して、萩原ら御用達たちはどのように考えていたのだろうか。商法会所の中心的な御用達は、九月三日に栄一の伺書に対する答申書を藩へ提出している。序文には「御藩上の利を計らずもっぱらに細民の助益を重とし、且つ一時の盛大を望まず、永久を重とすべき」という大久保の考え、すなわち藩の利益よりも細民（民衆）の利益になることを重視し、一時の盛行よりも長く続くことを重視するということを承諾したとある。その上で意見を述べている。

萩原らは、常平倉は営利を目的とせずに、米穀や塩など静岡藩内に不足する品を仕入れることで、民衆を助けることができるとした。そして、御用達に任される常平倉の事業は重要であるから、掛役となる者の人選は、御用達による選挙で決めることを提案している。対立していると思われた静岡藩と御用達は、ここに至って常平倉の基本的な在り方について意見を一致させたのである。

こうして、明治二年九月に商法会所は常平倉へと改称された。設立にあたっては、御用達らが常平倉のスローガンともいえる全五条の「常平倉壁書」と「常平倉社中規則」を定めた。「壁書」の第一条では、常平倉の理念として、米穀が不足しがちである静岡においては米価の安定が民衆の苦しみを取り除く方法であるから、特に注意をして取り組まなければならないとしている。第二条では常平倉の末端機関として社倉を設置すること、第三条では米穀貯蓄の重要性、第四条で国産の奨励、第五条では私利私欲に走った営業を固く禁じることが強調された。これらは、栄一の伺書の内容をまさに踏襲したものだった。

こうした理念の下に常平倉掛役が編成された。掛役は「監察」「貨幣出納取締方」「糴糶《てきちょう》（米など穀物の売買）取扱方」「社倉組立方」の四つの仕事に分けられた。前者三つは商法会所における商人取締、金銀融通方、商法懸引方を踏襲したもので、新たに加わった「社倉組立方」は、常平倉の主たる業務である貯穀取り扱いの業務を担当することになった。

掛役の上には栄一をはじめ静岡藩の勘定役人たちが存在し、根本的には商法会所と大きな変化は見られない。しかし、商法会所には当初、新政府からの石高拝借金返済という目的があったのに対し、常平倉の目的は民情の安定を目指して藩と御用達が協力して貯蓄を成し遂げていくことであった。常平倉がスタートした明治二年は、お茶とともに米も記録的な凶作となり、遠江では一揆も発生した。静岡藩は、常平倉を活用して一層の貯穀を推し進めたのである。

豪農層の登用

商法会所から常平倉への組織改編に当たり、新たに掛役に採用された者がいた。小鹿村の出島甚

常平倉掛役一覧（明治2年9月15日）

担　当	名　前（居所）
監察	北村彦次郎（静岡）、勝間田清次郎（静岡）、萩原鶴夫（静岡）、宮崎総五（静岡）、望月治作（江尻）、篠島屋忠三郎（清水）、出島甚太郎（小鹿村）
貨幣出納取締方	北村彦次郎、勝間田清次郎、萩原鶴夫、宮崎総五、野崎彦左衛門（静岡）、野呂整太郎（静岡）、馬場惣次郎（静岡）
糴糶取扱方	望月治作、篠島屋忠三郎、小川太七（静岡）、米屋弥七（静岡）、柿屋佐兵衛（静岡）、尾崎伊兵衛（静岡）、綿屋甚吾（辻村）、西谷恵十郎（西ケ谷村）、柴田屋直三郎（西久保村）
社倉組立方	出島甚太郎、寺尾寛三郎（聖一色村）

『渋沢栄一伝記資料』第2巻 p188、龍澤潤「静岡藩商法会所の設立について―商法会所・常平倉の理念を巡って―」（『白山史学』37号、2001）p15【表2】を基に作成

太郎と、聖一色村の寺尾寛三郎である。二人とも、江戸時代には名主として村運営の中心にいた豪農である。特に出島は大久保一翁とも交流があった人物で、大久保の引き立てによって次第に常平倉で重要な役割を担うようになっていく。

話はそれるが、出島はまたの名を竹斎と言い、後に民間出身者としては初めて久能山東照宮の宮司に就任した。家康を祀る久能山東照宮は、江戸幕府からの篤い庇護を受けていたが、明治維新後はすべてを自力で運営せざるを得なくなっていた。名主としての地域での務めに加え、常平倉で栄一と共に仕事をした出島の高い能力は、明治時代の久能山東照宮で発揮された。久能山の麓に建つ出島の碑には大久保一翁と山岡鉄舟による追悼文が刻まれている。

話を常平倉に戻そう。出島は、栄一が静岡を去った後の明治三年五月、常平倉に意見書を提出している。その中で、貯穀を主要な業務とする業務上、百姓の理解と協力を得ることが何よりも必要で、そのためには百姓と同じ農村に居住する豪農たちに貯穀の世話をさせ、順次常平倉の趣旨を浸透させていく必要があると述べた。出島の提案は採用され、実行に移された。

商法会所の段階では藩士と御用商人たちが担っていた役割は、出島らの登場によって豪農層へも拡大していったのである。

3 事務所・住居の移転

電光石火の引っ越し作業

スタートして一カ月が経った一〇月一日、突如常平倉は紺屋町の元代官屋敷から移転することとなった。宝台院で続いていた徳川慶喜の謹慎が解かれ、新たな事務所の必要に迫られた。選ばれたのが、常平倉の事務所兼栄一の住居となっていた元代官屋敷だった。ここから、電光石火の常平倉移転の幕が上がる。その一部始終を萩原四郎兵衛が「常平倉御取建一件留」に次のように記録している。

一〇月一日、この日も常平倉は慌ただしく動いていた。朝五ツ時（午前八時）に出勤した栄一は、宮崎総五から藩の治水事業を担当していた水利方からの紙幣取替の業務を依頼され、続いて野呂整太郎から大阪での米買い入れについての相談を受けている。五ツ半時（午前九時）、清水へ出立した尾崎伊兵衛をはじめとする常平倉の面々は、紺屋町の中ほどに差し掛かったところで慶喜付きの梅沢孫太郎と出会い、急な御用だが常平倉の内外（紺屋町元代官屋敷）を見分したいから引き返せと言われた。よくよく聞いてみれば、慶喜の謹慎が解除となり、常平倉を修繕して宝台院から移るようにとの命が下ったという。

急な一大事に、出張は取りやめと清水出張所に知らせた。御用達たちには萩原が説明した。近在の村へ出張していた出島甚太郎には、至急の文で知らせることにした。

栄一は、すぐさま常平倉の絵図面を持って静岡藩庁へ参上した。常平倉でも通常通りの貸付業務を行いながら、移転先の選定作業に入っていた。候補になった伝馬町の元柳原屋の屋敷を栄一と勝間田清左衛門、宮崎総五、野崎彦左衛門、尾崎伊兵衛らで見分したが事務所とするには不都合であったため、他の場所を探すこととなった。その間、並行して慶喜の引っ越し準備も行われた。慶喜付きの家来が常平倉の見分にやってくるので、栄一はその対応をしつつ常平倉の移転も進めなければならない。

どこに移転するにしても、慶喜がやってくる以上、元代官屋敷の明け渡しは急を要する。栄一らは考えを巡らせるのだが良い場所は思いつかない。候補地を絞り出したのは、地元を熟知していた萩原であった。当時、中泉（磐田市）郡政（藩の地方官）であった岩田経堂の住居となっていた元駿府目付屋敷を、岩田が赴任地に移った後に常平倉の事務所としようと考えたのだ。

萩原にアクシデント

萩原は翌日栄一に提案するつもりであったが、問題が一つ残っていた。元代官屋敷には栄一家族をはじめ静岡藩の勘定方役人六世帯も暮らしていたのである。萩原はとりあえず御用達で話し合い、勘定方役人の家を探すことにした。

翌二日の朝、栄一は安西にある十分一改所（取引荷物の改め所）を常平倉の仮事務所にしてはと考え、萩原に案内させた。しかし、そこはすでに藩役人の住居となっていたのであきらめた。常平倉に戻ると、御用達一同が集まっており、慶喜付きの役人もすでに宝台院から慶喜の引っ越し作業を始めていた。大工左官らも大人数で修繕にあたっており、栄一や萩原たちは早々に出ていくように言われてしまう。とりあえず、事務所を引き渡さなければならないので、常平倉の諸道具は江尻町の和田平七宅に預けた。

この日静岡藩庁へ赴いた栄一は、次のように言い渡される。常平倉は元目付屋敷へ移ること。しかし、中泉郡政方の岩田経堂が引っ越すまでは教覚寺を仮事務所とし、栄一の一家も教覚寺を住居とすること。栄一以外の勘定役人の住居については常平倉の御用達が話し合って決めることになった。移転先のめどが付いたため、御用達の者はそれぞれ人足を出して荷物の運搬を行った。当然一日では終わらず、翌日も朝から作業は続くこととなった。

栄一の一家は、五日までに修繕を行った上で紺屋町の元代官屋敷の部屋を明け渡すよう命じられた。萩原は、栄一の引っ越しも手伝わなければならず、三日も朝早くから常平倉へ向かった。しかし途中、アクシデントが起きる。萩原の住む土太夫町にあった石橋の下に女子の捨子があったのである。常平倉

静岡宝台院。建物は国宝に指定されていたが、静岡大火によってすべて焼失した（静岡県立中央図書館蔵）

掛役であると同時に静岡の町方の代表でもあった萩原は、事の次第を藩に届け出てから赴いたため、常平倉到着が遅れてしまった。夕方、ようやく教覚寺の仮会所に出向くと、すでに栄一の家族は引っ越しを終え、常平倉の書類も移されて、他の御用達は新しい常平倉の事務所に集まっていた。

ところで、何故に常平倉の仮移転先として教覚寺が浮上したのであろうか。栄一や萩原の記録には明確な答えは記されていない。ただ教覚寺は、萩原と並ぶ御用達のトップ北村彦次郎が寺の大旦那であったことから、北村の導きがあったと伝わっている。

コラム6
静岡の「お泊りさん」

静岡藩士時代の渋沢栄一はどこに住んでいたのか。静岡の人であれば気になるところだろう。明治維新後、数万という規模で大挙移住してきた旧幕臣とその家族を受け入れるための家屋敷は足りず、上層部以外の藩士や無禄移住者たちは駿府町人や周辺農村の豪農、寺社に間借りして住んだ。静岡ではそういった武士たちは「お泊りさん」と呼ばれ、栄一もその一人だった。

最初の住まいとなったのは、当時呉服町五丁目（現在の呉服町三丁目）で下駄屋を営んでいた川村家である。栄一は明治二年の正月をこの川村家で迎え、川村家の家族と共にカルタ取りに興じている。この頃、栄一はフランス滞在時の会計報告を作成中で、川村家の主人にもそろばん勘定を手伝わせた。「渋沢様は駿府でも指折りのそろばんの名手だった私の旦那よりもそろばんが上手かった」。後に主人の妻とよがそう振り返っている。百姓の家に生まれ、若いころから商売の才能を発揮した栄一らしいエピソードである。

明治二年一月、栄一は商法会所設置の準備に取り掛かり、紺屋町の元駿府代官屋敷が事務所兼自宅となった。屋敷の中に五部屋ほどが与えられ、血洗島から千代と歌子を呼び寄せて一緒に住んだ。ただ、栄一は多忙を極め、家族とのエピソードはほとんど残っていない。何を食べていたのか、どこへ遊びに行ったのかということに興味は向かうのだが、公務も私生活も職住一体となった商法会所の敷地内でほとんど完結していたようだ。例外は二度の東京長期出張と清水での商法会所出張所と蔵増設のための出張のみ。それゆえ、静岡における栄一ゆかりの地、あるいはゆかりの食べ物といったエピソードも伝わりようがない。

それでも、唯一食べたと推測される品がある。江戸時代から平成の初めまで約三〇〇年にわたり、札之辻町（七間町）で菓子商を営んでいた扇子屋の饅頭だ。関連する記載が萩原四郎兵衛の「商法会所日記」に見える。駿府の初午《はつうま》祭礼に際して商法会所の御用達たちがまとめた費用一覧のなかに、駿府茶問屋出身の小沢戸屋（尾崎）伊兵衛が扇子屋の饅頭代一両余りを立て替えたとあるのだ。扇子屋の饅頭は駿府町人たちには欠かせない菓子で、幕末は浅間神社の廿日会祭に合わせて二〇万から四〇万個も売れていたという。駿府の人々が事あるごとに使っていた扇子屋も静岡藩が成立すると御用商人となり、藩にも納めていたという記録が残る。そんな銘菓ならば栄一もきっと口にしていたであろう。

さて、話を渋沢の住まいに戻そう。徳川慶喜の謹慎が解かれ、商法会所のあった元駿府代官屋敷に移ることになると、商法会所は移転を余儀なくされた。常平倉と改称するのに合わせ、事務所と栄一の住まいは常慶町の教覚寺へ移った。選ばれた理由には、慶喜が謹慎した宝台院、商法会所が置かれた元駿府代官屋敷から数百メートルと近かったことがあろうが、記録には残っていない。寺に伝わる話によると、萩原と共に商法会所の御用商人トップであった北村彦次郎が檀家であったことから、慌ただしく移転先に決まったという。

常平倉が教覚寺に移ったのは一〇月三日で、栄一が教覚寺に住んだのは同月二五日までのわずか三週間余り。しかも事務引き継ぎに追われていたせいか、栄一にとって教覚寺の印象は薄かったようだ。後年、静岡で講演を行ったときにも、同じく短期間しか住まなかった川村家の思い出は語った一方で、教覚寺については全く触れていない。

しかし、千代と歌子にとっては少し違ったらしい。歌子は、その著書『は、その落葉』で、静岡で暮らした頃を回想している。そのなかに教覚寺が真宗寺院で住職が妻帯していて、その家族と遊ぶことができて楽しかったと記している。教覚寺にも、病気がちな千代にお灸をすえてやったことなどが言い伝えられている。栄一は、一〇月に東京へ出発したが、千代と歌子は年末まで静岡で過ごした。幼かった歌子には静岡での生活は楽しい記憶として後々まで残っていたのであろう。

第7章　大蔵省出仕と残された人々

1　事業拡大目指した矢先に

突然の出頭命令

明治二年（一八六九）七月二五日、東京出板が出した「明治新聞」という新聞の前身のような読み物に栄一が紹介されている。フランス滞在中の資金運用益二万両と、持ち帰った品々を帰国後に売り払って得た二万両の計四万両を自ら稼ぎ出した才覚を取り上げ、その金を静岡の困っている人へ分配し、自分は一銭も手を付けず勤めに励む忠節者と褒めたたえた。

『渋沢栄一伝記資料』にも掲載されているこの「明治新聞」について、伝記の編者らは「この事実は不明だが参考として掲載した」としている。

この記事が出た七月二五日は、栄一が東京で明治新政府に対してフランス滞在中の運用益について説明を繰り返していた時期である。異国の地で商売の才を発揮した栄一の名声が高まっていたことは、このような出版物からも知ることができる。

商法会所を開き、清水出張所をてこ入れし、常平倉への組織改組、事務所移転と、静岡藩士となってから一〇カ月の間の栄一は大車輪の活躍を見せていた。事務所が移転して二週間、教覚寺の常平倉仮事務所で仕事は続いた。そして、さらなる事業拡大をと考えていた矢先、静岡での生活は突然終わりを告げる。栄一本人の日記を基にその様子をたどってみよう。

一〇月二一日、栄一はいつも通り常平倉での仕事をこなしていた。この日、東京からの為替三〇〇〇両を受け取るため静岡藩庁へ出向いた。為替を受け取ると、常平倉掛役の柿屋佐右衛門へ処理を託した。

栄一はその前日に藩庁へ届いた新政府からの命令書が気になっていた。「渋沢篤太郎（栄一）儀、御用候間東京へ罷出候様申し付くべく候也」とあり、新政府から藩知事の家達に宛てて出されたものであった。突然の出頭命令に栄一は訳が分からず、大久保一翁に事の次第を訪ねたが、詳細は知らないがとにかく早く東京へ行けというばかりであった。新政府からの命に逆らうわけにはいかず、ともかく栄一は東京行きを決めた。常平倉に帰ると、御用達たちに明日は一同出勤するようにと書面で伝えた。

出立までの五日間

翌二二日、御用達らは朝早く常平倉に集合した。栄一はそこで東京行きを告げ、新政府からの命令書を皆に見せた。一同は驚きを隠さなかった。途方に暮れる御用達らを残し、栄一は藩庁へ出向き二六日には東京へ行くと大久保一翁に伝えた。さらに常平倉の業務見込みを話し、勘定役の平岡四郎と小栗尚三とも会って今後について打ち合わせた。

話を終えた栄一は御用達たちへもその内容を報告し、留守中の業務取り扱いに関して手続書（計画書）を作るように命じ、留守の間の心得も丁寧に説明した。静岡藩士となって二度の東京出張を経験している栄一はこの時はあくまで一時的なものと考えていたのだろう。

二三日、命じられた手続書を御用達たちは早くも作成し提出した。栄一にとって内容は不十分なものであったが、思いに一晩で応えた彼らの熱意を無下にはせず、丁寧にコメントを付して返した。藩庁で東京行きの旅費支給について話してから、再び常平倉に戻ると留守中の事務に手落ちがないようにと重ねて指示した。夜には、清水出張所の御用達が栄一のもとを訪れ、業務について打ち合わせた。

翌二四日、藩庁は休日だったため栄一は早朝から常平倉へ出勤し、漏れがないように御用書類などを逐一調べ、留守中に業務を担当する者へ引き継いだ。御用書類のうち、特に重要な物は筆写させて自ら所持し、清水の御用達へは引継書をしたためて渡した。夕方には、清水出張所に出役していた藩士の黒柳徳三郎が訪ねてきたので、諸事話し合い書類作成方法などについて申し付けた。

二五日、出発を明日に控えた栄一は、常平倉の御用書類の総点検を行い、御用達からの質問に一つ一つ丁寧に答えた。御用達が提出した手続書についても栄一の秘策ともいうべき一書をしたため、改めて詳細な指示を出した。引き継ぎを終えてようやく旅支度にかかったのだが、その間も送別の挨拶に訪れる客はひっきりなしだった。

二六日、いよいよ栄一の静岡生活最後の日。常平倉で御用達一同にいとまを告げ、午後静岡を出発した。御用達たちは町はずれまで見送りに出た。夕方清水出張所へ立ち寄り、建物や納屋を検分し、業務の指示を出した。御用達と面会した後、彼らも同行して江尻宿までの近距離を舟に乗って向かい、そこで一泊した。

二七日、江尻宿を出発した栄一は蒲原で昼食をとり、午後は平垣村（富士市）の松永整を訪ねた。松永は、富士郡で商法会所・常平倉の貸付業務斡旋を担当していた御用達である。栄一は藩の事業で開墾が行われていた岩淵を視察し、この日は吉原宿に泊まった。翌日は、原宿（沼津市）の素封家植松与右衛門の庭園を見学し、漢詩を詠んでいる。この日は三島宿に至り、翌日には相模国に入った。

業務計画書と業務引継書

時間を少しさかのぼり、栄一に命じられて御用達たちが作成した業務計画書と栄一の業務引継書のことに触れたい。

御用達たちの業務計画書は「当局御掛東京へ出立ニ付諸向伺廉書」と題されたもので、全一七条からなっている。「当局御掛」とは栄一のこと。まず栄一の留守中は勘定頭平岡と小栗の指示を受けると記し、常平倉の意思決定の在り方を確認している。さらに、常平倉事務所を元目付屋敷に移転させた後は警備を厳重にし、金銀出入帳や証券など重要書類は頑丈な西洋鉄の入った鉄製金庫に収納すると続き、収納前は御用達の面々が分配して保管すること（第三条）。金銀や紙幣取引の見込み（第五条）、清水湊の蔵の扱いは静岡藩士の手を離れて御用達が行う（第七条）。商人相手の貸し付け業務に偏ると大損の原因になるので注意し、商人相手の場合は引き当て品となる商品をしっかり考えておくこと（八条）。石高拝借金の返済をしっかり準備すること（十条）。農業生産の基となる肥料の貸し付けを滞りなく行うこと（一四条）などを列記している。いずれも、細かな数字や手順が付されている。

一方、栄一が出立準備は後回しにして作った業務引継書は「御用向取扱振廉書」と題され、全十条からなる。フランス滞在中の運用益の一部を常平倉の差し加え金とすること（一条）、常平倉の貸し付けや利息の取り扱い方（二～四条）、大坂での取引を取り仕切っていた清水の松本平八に任せていた業務の確認（六条）、東京で買い入れた麦の清水での扱い方（七条）、商法会所から常平倉に変わったことに伴う組合商法の変更（八条）、常平倉所有の船は清水湊の御用達に任せること（九条）など、数字を示しながら具体的な指示を出している。

業務計画書も栄一の事務引継書も大急ぎで作成したものとは思えないほど充実した内容である。両文書に基づき、常平倉は明治四年（一八七一）の廃藩置県までその活動を続ける。

新政府側の事情

明治新政府からの出張命令を静岡藩庁で受けた栄一は、大久保一翁に対して今は常平倉が忙しい時であるから半月は猶予をもらいたいと懇願した。しかし、大久保は新政府の命に逆らうことは藩の立場を危険にさらすことにつながるから猶予はならないと突っぱねた。栄一にしてみれば、恩義ある慶喜が暮らす静岡の地で商業に一生をささげようと思い定めていたのだ。ところが、出仕を求めてきた新政府は旧幕臣の栄一にとっていわば仇敵。出仕は敵に寝返ることを意味し、すぐには納得がいかなかった。

誕生後間もない新政府にも事情があった。多くの担い手は国づくりの経験など全くない薩摩や長州の藩士ばかり。どの部署も極度の人材難であった。その点、七〇万石になったとはいえ静岡藩には旧幕府で政務を担当していた実務経験者がいくらでもいる。そこで特に優秀な者を選んで出仕させることにしたのである。

大久保としては、栄一の新政府出仕を断ったり延期を申し出たりすれば、政府から藩に反乱の意思ありと疑われるとの懸念が拭えなかった。当時、新政府のスパイが多く静岡に放たれ、藩の動静は逐一報告されていた。大久保の懸念は決して理由がなかったわけではないのだ。

新政府出仕を厳命された栄一は、「出仕拒否」を貫くつもりであった。東京に出向くのはその意思を直接伝えるためであり、すぐに静岡に戻って常平倉の業務に復帰しようと考えていた。それ故、常平倉の面々に対しては事務引き継ぎのなかでもあくまで「留守中」としていたのである。

栄一を新政府に推薦したのは、大蔵省の役人郷純造だった。幕臣出身で、一橋家家臣時代から栄一の活躍ぶりを知っていた。後に郷は栄一と前島密という、静岡藩士でも抜群の掘り出し物を見つけた人物として評価された。

一一月二日に東京へ到着した栄一は五日朝、皇居となった旧江戸城の西丸御殿へ向かった。そこで、「民部省租税正《そぜいのかみ》」に命じられる。現在で言えば、財務省主税局長か国税庁長官のような重要ポストだが、栄一にはその職名を聞いても何をする役職なのか全く見当がつかなかった。

誕生後一年余りを経過した新政府は、行政機構の整備を進めていた。明治二年七月七日、左大臣、右大臣、大納言、参議によって構成される政府（太政官）の下、実務担当の民部、大蔵、兵部、刑部、宮内、外務の六つの省が設置された。右大臣に公家の三条実美《さねとみ》が任命され天皇を補佐したが、左大臣は欠員であった。大納言には公家の岩倉具視、参議には薩摩藩の大久保利通、長州藩の広沢真臣と前原一誠、佐賀藩の副島種臣が任命された。各省に主に登用されたのは薩摩、長州、土佐、肥前の四藩出身者であった。

栄一が辞令を受けた大蔵省は、佐賀藩出身の大隈重信が率い、鉄道敷設をはじめとした近代化政策を次々と進めていた。新事業実施は財政的な裏付けがあってこそで、課題はそのために必要となる租税徴収業務を掌握することだった。租税業務を含めた民政一般に関する業務は当時、民部省が管轄していたが、大隈は大蔵と民部両省の合併を図った。民部省の名前は残されたが、実質的には大蔵省への吸収合併。栄一の命じられた租税正とは民部省租税司の長官という位置付けであった。

大隈重信
（国立国会図書館ウェブサイト）

租税正は、大蔵省が進める近代化諸政策に必要な資金調達を担当する役職であり、大隈は栄一こそが適任と考えたのである。しかし、栄一は静岡藩に戻るために一刻も早く租税正の職を辞したい。両者はついに一二月一八日、大隈の邸宅で直接面談することとなった。

当時の大隈邸は、後に栄一とも仕事をすることになる伊藤博文や井上馨ら大蔵省の開明派が集まり、日本の近代化を議論する場として「築地の梁山泊」とも称されていた。面談は長時間に及んだ。

辞意撤回を求める大隈に対して、栄一は次のように持論を述べている。

租税正として、租税徴収業務を担当せよということだが、元百姓の身として税を収めたことはあるが、徴収したことはない。未経験の業務では自分の力を活かせない。自分は尊王論者から一橋家家臣となり慶喜に重用された。恩義ある慶喜に身をささげるために静岡藩士になったのであり、その志を捨ててまで新政府に仕えることはできない。あくまでも静岡の地で殖産興業に一生をささげたい、と。

そしてこの後、弁の長《た》けた栄一でさえも凌駕される大隈の説得が始まるのである。

八百万の神の一柱

慶喜への恩を述べる栄一に対して、大隈はそれを逆手に取るかのように反論する。栄一が慶喜に義理立てて新政府への出仕を固辞し続ければ果たして世間はどう思うだろうか。そう弱みを突いてきたのだ。暗に慶喜が反政府の意思ありと誤解されても仕方ないと断じた後、今度は栄一を懐柔しようと話題を振る。

まったくのゼロからスタートした新政府では、薩摩長州をはじめとした諸藩の藩士たちが政府の役人となったが、国政担当経験は誰にもない。当の自分（大隈）とてもすべてが初めてなのだから、経験が無いことを理由に出仕を断るのは筋が通らないのではないか、と栄一を論破してしまう。さらに大隈は静岡藩の仕事も大事だが、新政府の仕事に関わればもっと広く日本のための仕事ができると翻意を促す。そして、再び慶喜のことを持ち出し、栄一が新政府に出仕すればあらぬ疑いが及ぶことはない。出仕することが慶喜に対する忠義につながると述べた。

また、静岡藩での殖産興業が実現困難である状況についても触れ、前提となる貨幣、租税、運輸などの諸制度が未確立である段階では、一藩だけの努力ではどうにもならない。まずは、新政府でそれらの制度を確立させていくことが、いずれは日本全体の殖産興業の成功につながると説いた。さらにゼロからの国づくりを担う新政府の面々を「八百万《やおよろず》の神」になぞらえ、栄一にもその一柱になってほしいと、言葉に熱を込めた。

実は栄一自身、商法会所を開いて以来、諸制度が未確立であるがゆえに事業が思うように進まないもどかしさを感じていた。太政官札と正金をめぐる問題や、清水湊と静岡を結ぶ運輸方法の検討（人力車の導入）など、思い当たることはいくらでもあった。大隈の主張はすとんと胃の腑に落ち、新政府出仕への迷いは消えた――。政府役人渋沢栄一の誕生である。

2　常平倉　その後

御用達の奮闘

栄一が静岡を去った後、残された御用達たちは常平倉を運営し続けた。『渋沢栄一伝記資料』は、その運営の様子を「萩原家文書」を引用して説明している。収録された「萩原家文書」の末尾には、伝記資料の編者による注が付されている。「右日記中直接栄一ニ関する記事ハ散見スルニ過ギザレドモ、上京後ノ栄一ト常平倉トノ関係並ニ其後ノ常平倉ノ事情ヲ知ルニ足ル。故ニ其ノ全文ヲ掲グ」。

この注は、この日記には栄一に関する記事は散見される程度であるが、上京後の栄一と常平倉の関係、その後の常平倉の状況がわかるので全文を載せるという意である。編者のこの決断が僥倖となって、戦災で焼失の憂き目を見る萩原家文書の内容は史料に残り、渋沢栄一上京後の静岡の様子がわかるのである。さて、栄一出発後の常平倉について、「常平倉御取建一件留」（「萩原家文書」）から見ていこう。

栄一に出頭命令が届いた翌一〇月二二日、朝出勤した萩原四郎兵衛、北村彦次郎、勝間田清次郎

（清左衛門）、宮崎総五、出島甚太郎は今後の常平倉をどうしていくか、話し合いを始めた。「一件留」には栄一のもとに届いた新政府からの出頭命令書の写しがそのまま載っている。萩原たちはこの段階で、栄一が二六日には東京へ出発してしまうことも知らされていた。

栄一が出発するまで、萩原はよほど多忙だったのであろうか。「一件留」には「栄一日記」に見られたような引き継ぎに関する詳細な出来事は記されず、二四日、二五日に事業計画書を作成したとのみ書かれている。

栄一出発の翌二七日も、萩原ら御用達の業務は変わることなく淡々と行われた。二八日には、元

宮崎総五（『安倍郡誌』）

常平倉の印章
（『静岡市史編纂史料』第四巻）

目付屋敷にいた岩田が見附に赴任したため、常平倉の事務所を教覚寺の仮事務所から元目付屋敷へ移した。慶喜の謹慎解除を受けて栄一が電光石火の働きで準備した常平倉は、栄一が静岡を去って二日後に完成する。

一一月一一日、栄一が大蔵省租税正に命じられ、教覚寺に残った千代と歌子も静岡を引き払うことになったと、萩原たちに伝えられた。すぐに栄一が戻ってくると考えていた萩原たちは、これからはすべて自分たちで行わなくてはならないと悟ったのだ。

移転したばかりの常平倉は、建物や蔵の普請などやらなければならないことがまだまだあった。建物の普請金一二七両余、さらに教覚寺からの移転の人足賃五両余の支払いを急いで済ませ、一一日に土蔵が完成、一二日には準備した常平倉の施設がすべてそろった。東京の栄一へは書状で経過を報告。一八日には、栄一に干鯛を贈るために御用達一人に付き金二分四六四文を出し、勝間田清次郎が取りまとめている。

栄一が去った後の常平倉では、藩との折衝は萩原四郎兵衛が中心になっていたようである。一一月二〇日には萩原、宮崎、出島の三人が静岡藩士で常平倉掛の黒柳と共に藩庁へ向かい、勘定頭の平岡と小栗に挨拶をしている。藩の勘定役と常平倉の実務担当者の顔合わせである。

再スタートを切った常平倉の新しい印章は二二日に完成した。全六種類の印章は、「常平倉」の印文のもののほか、「糴糶《てきちょう》」と入った印文のものがあり、常平倉の主たる機能である備荒貯蓄が強く示されている。印章作成は栄一が準備したが、完成した印章を栄一が使うことはなかった。

常平倉を管理する御用達たちの責任は次第に大きくなっていった。取引金額も増え続けるなか、藩からは蓄えている米や金の警備は御用達らで行うことが命じられた。御用達たちはあまりにも負担が大きいと反発したが、結局萩原をはじめ主だった御用達一一名が隔番制で担当することとなった。隔番制がどのような基準で決められたかは不明だが、馬場惣次郎と尾崎伊兵衛の組、野崎彦左衛門と柿屋佐右衛門の組が二日、出島甚太郎、小川太七と米屋弥七の組、萩原鶴夫(四郎兵衛)、宮崎総五が三日ずつ、勝間田清次郎は八日、北村彦次郎(息子の房五郎が代理)が八日とそれぞれ務めることになった。

一二月一二日には栄一の後任として静岡藩の会計方権少参事宮田文吉が平岡に伴われて常平倉に着任した。宮田の常平倉での活動については判然としない。

一五日には教覚寺に残っていた千代と歌子が東京に向けて出発した。萩原、北村、宮崎、勝間田、出島の五人は出発に先立つ一二日、重箱二組と硯箱三つを栄一に、硯箱二つを千代と千代の兄尾高惇忠に贈った。いずれも駿河漆器と思われ、江川町の破風屋が制作したという。

一二月二三日、栄一は萩原たち御用達に書状のなかで、栄一の後任となった宮田の着任に安堵したと伝えるとともに、自分や千代、歌子に対する餞別に対する礼を述べた。そして、この書状には注目すべき一文がある。「追々養蚕の道相開き候楷梯とも相成るべし、たとえ一時は失し候とも他日相償申すべし、いわんや既に目算も相立ち申すべき事」と、追々養蚕が盛んとなること、たとえ一時は損失を出してもいつか挽回できるし、もうすでに目算は立っているだろう、と養蚕に多大な期待を寄せているのだ。

栄一の養蚕への期待は、この書状以外からもうかがえる。商法会所を開いた時の「見込書」にも「いずれは養蚕を」と記していたし、栄一が静岡で最初に住んだ川村家の夫人とよも栄一が「静岡は養蚕をしなければならない」と繰り返し言っていたと証言している。栄一の出身地である血洗島や周辺の農村では養蚕が盛んで、渋沢家も養蚕を行っていた。幕末に横浜が開港すると、輸出額第一位となったのは生糸であり、第二位の茶とはこの段階では大きな差があった。

養蚕の成功を知る栄一だからこそ、静岡藩でも養蚕をと考えたのだろう。ようやく始めた商法会所で茶業に対する貸し付けへの返済が滞った時、栄一自身は茶業の可能性に疑問を持ち、やはり養蚕をと考えたのかもしれない。

ただ、養蚕優先はあくまでも栄一の考えであり、藩の茶に懸ける方針に変わりはなかった。それは、静岡藩領内の掛川や横須賀（掛川市）に殖産興業として製茶を伝習する施設がつくられたこと、静岡藩士の中にも独自の研究をして茶業を盛んにした者がいたことからも明らかだ。もともと、静岡藩は茶業に懸けよと推したのは勝海舟。栄一はその勝との仲が険悪であったことはよく知られている。栄一は、勝の推す茶業より自分の推す養蚕を進めたい思いもあったろう。

藩消滅で県へ引き継ぎ

明治四年（一八七一）七月の廃藩置県によって静岡藩は消滅し、常平倉の業務は静岡県に引き継がれた。御用達たちはそれまでと変わらず業務を続けたが、翌年には廃止となり、業務はかつて静岡藩が財政再建計画を持ち掛けた三井に引き継がれた。御用達の中から、野呂整太郎と勝間田清次郎が三井組に入り業務を担当した。しかし、三井による活動はわずか二年足らずで終了する。この経緯や具体的活動については史料がなく不明である。

清水では、商法会所に「組入」として参加し、常平倉からも融資を受けていた江尻の望月治作を中心とした「五人組合」が独自の活動を行っていた。望月らは、常平倉の貯蓄活動に沿った形で新潟の米を買い付けるとともに、伊勢や近江から輸出のための茶を仕入れて横浜に売り込んだ。ただ、この買い入れはうまくいかず茶荷主たちと前貸金返済をめぐる出入りが起きていたようである。彼らの活動は明治七年（一八七四）頃まで確認できることから、常平倉が解体されてからも、事業は個別の商人に引き継がれていたらしい。一方、萩原四郎兵衛ら静岡の商人が、常平倉に沿った活動をしていたかどうかは、史料が見つかっておらず現段階ではわからない。静岡中心街での史料の新発見は、静岡大火と戦災を経ていることから難しいかもしれないが、郊外の農村部、すなわち常平倉から貸し付けを受けていた側の新史料の発見に期待したい。

結局、商法会所と常平倉は静岡藩にどれくらいの利益をもたらしたのだろうか。栄一は後に、商法会所を常平倉に改組するときの決算で八万五〇〇〇両を超す利益を出し、上々の出来だったと振り返っている。この金額は、「渋沢栄一伝稿本」によるが、戦災に消えた「萩原家文書」によると、八万五〇〇〇両の利益を出したとされた後、勘定違いが発覚し四〇〇〇両以上が不足していたという。それでも約半年で八万両の利益とは途方もない数字である。

常平倉廃止となった明治五年（一八七二）二月、商法会所から引き継いだ金額を基とした常平倉の最終決算額が出された。結果は四万一五〇〇両の損失。石高拝借金の返済の残り三万七〇〇両余を除くと約一万両の損失となった。この金額が大きいか小さいか判断することは難しい。栄一であればもっと利益が出せたというのはたやすいが、商売を盛んにすることを目的とした商法会所に対して、備荒貯蓄と民情安定のための貸し付けが中心であった常平倉は性格が異なり、同じような利益を出すことは容易ではない。ともあれ栄一が去った後でも、常平倉を破綻させることなく運営し続けることができた功は、やはり静岡の御用達たちの力にあったといえるだろう。

コラム7

井上馨、西園寺公望が住んだ土地

明治新政府に出仕した栄一は、大蔵省で様々な近代化政策を担当した。殖産興業を実現するための貨幣、租税、運輸など多様な仕事は到底、栄一が一人で行えるものではない。そこで栄一は有為な静岡藩士を選んで、大蔵省へ引き抜こうと考えた。郵便制度の父といわれる前島密も実力を認められたうちの一人である。

栄一の改革案は事務処理にまで及んだ。会計事務については江戸時代以来の大福帳による出納管理から西洋式の簿記を提案したが、これは強硬な反対に遭った。薩長土肥の出身者が中心の新政府で、旧幕臣栄一の存在は歓迎されなかったのだ。それでも、伊藤博文や井上馨とは相性が良かったのか、徐々に信頼関係を築いていく。

大蔵省で栄一は、近代的な銀行制度の立ち上げ、富岡製糸場の設置を含めた養蚕、製糸業の改善など多くの改革を担当した。しかし、富国強兵を主張する大久保利通との間で、国家財政のあり方について次第に対立が生じ、ついには明治六年、井上馨と共に大蔵省を辞してしまう。栄一は下野し、民間の立場で新しい国づくりへの貢献を目指すことになる。その後の活躍は広く知られているとおり。何百という企業の設立に関わり、さらには社会福祉事業や民間外交にも力を入れる。

東海道線開通後、かつて宿場町としてにぎわった興津周辺（静岡市清水区興津）には、早い段階で近代的な海水浴場が出来て、東京からほどよく離れた立地と、静岡ならではの温暖な気候が好まれ、一帯には明治の大政治家たちが別荘を構えた。代表的な人物は井上馨、松方正義、西園寺公望である。栄一の良き理解者であった井上馨は、晩年を興津の西に位置する横砂（静岡市清水区横砂）に長者荘と命名した別荘を建てて暮らした。当時の井上馨は、雷親父の異名を持ち、毀誉褒貶のエピソードが伝わっている。ただ、長者荘近くに東海道線の臨時駅が設けられたり、水力発電所が建てられたりと、地域にもたらされた利益は少なくなかった。

栄一は明治四三年五月と明治四五年四月四日、長者荘を訪れている。明治四五年の訪問は、井上の銅像除幕式を兼ねた園遊会への出席であり、栄一は依頼を受けてその銅像に揮毫している。この時に造られた井上像は、太平洋戦争の際に供出されてしまう。長者荘には、栄一揮毫の銅像のほかにも首相経験者の山縣有朋、桂太郎などの歌碑（石碑）が建てられていたがいずれも失われてしまった。

大正四年に井上が亡くなった後、興津に西園寺公望が訪れるようになった。公家出身で内閣総理大臣も務めた最後の元老である。当初は興津の旅館水口屋に宿をとっていたが、よほど気に入ったのか別荘「坐漁荘《ざぎょそう》」を建てて、ついのすみかとした。大正末から昭和初期にかけて、日本の重要局面の度に、政界に大きな影響力を持っていた西園寺に会うべく、多くの政治家が興津を訪れた。俗に「西園寺詣で」と呼ばれた政治家たちの興津訪問は、昭和一五年に西園寺公望が亡くなるまで続いた。

横砂に立っていた井上馨
銅像。戦時供出を前に記
念写真に納まる関係者
（山田写真館蔵）

興津駅構内で列車を
待つ西園寺公望。
昭和10年ごろ
（山田写真館蔵）

第8章　維新再評価の機運のなかで

1 慶喜の静岡暮らし

政治とは距離、趣味に没頭

明治二年（一八六九）九月二八日、一年一カ月余に及んだ徳川慶喜の宝台院での謹慎が解かれた。理由としては、①明治新政府が国家経営を安定させるため、朝敵を許す「寛容さ」を天下に示す必要があったこと、②旧幕臣の中から有能な人材を新政府に登用するには旧主慶喜への寛大な措置を取り、彼らを懐柔しなければならなかったことが指摘されている。

慶喜は、一〇月五日に宝台院を出て、栄一の自宅兼職場となっていた商法会所のある紺屋町の元代官屋敷に入った。そして江戸開城後、小石川の水戸藩邸などに居住していた正室美賀子も静岡に来て、一一月三日からは一緒に住むこととなる。

謹慎解除には新政府側の事情に加えて、静岡藩の勝海舟や大久保一翁の働き掛けもあったらしい。勝らは、三条実美、大久保利通に対してたびたび慶喜の謹慎解除を求めていた。明治四年の廃藩置県で静岡藩主だった徳川家達が東京に移る際は、本来なら同道すべき慶喜が当主の養父（隠居）として静岡に残る。これも勝の進言を新政府が受け入れたからだといわれる。

さらに翌明治五年、慶喜は従四位に叙せられ、復権へ向けた一歩となった。同時期、かつて朝敵とされた松平容保《かたもり》や永井尚志ら三〇人余りも罪を許され、箱館で最後まで明治新政府に抵抗した榎本武揚《たけあき》も監禁を解かれている。一連の新政府の対応は、廃藩置県後の不安定な情勢を背景に、慶喜はじめ旧幕府の有力者が反政府勢力に利用されることを防ぐ狙いがあったとみられている。

謹慎が解け、従四位に叙せられた慶喜は、よく知られるように趣味に没頭する隠居生活を始める。当時の慶喜の動向を知る史料として有名なのが、千葉県松戸市の戸定《とじょう》歴史館（徳川昭武邸を使用した博物館）所蔵の徳川慶喜家『家扶日記』である。慶喜家の家扶や家従による慶喜と家族の日常生活の記録（明治五年～大正元年）で、一部欠落（明治六年九月～一二月、同三〇年一一月二〇日～一二月三一日）してはいるものの、三〇年余の静岡生活のうち、二五年間の様子を克明に伝えている。

『家扶日記』から当時の慶喜の趣味を拾っていくと、明治五年は銃猟・鷹狩・投網・鵜飼い、翌六年には謡・能・小鼓・洋画・刺繡・将棋等が加わっている。壮年期の慶喜は、なかでも特に銃猟・鷹狩・投網を好み、行動範囲は安倍川から清水湊までに及び、当時静岡では珍しかった人力車に乗って連日、日が落ちるまで外出していたという。

慶喜は、長い謹慎生活の鬱憤《うっぷん》を晴らすかのように趣味に没頭した。それも単なる愛好ではなく、どの趣味についても本気であった。隠居状態で仕事らしい仕事は無かったから、三〇代の慶喜にとっては様々な趣味に打ち込むことが、いわば仕事のようになっていたのであろう。自ら撮影した写真、描いた絵画からそれをうかがうことできる。

静岡で過ごした長い歳月の間、慶喜は文明開化や富国強兵に突き進む明治新政府をどのように捉えていたのだろうか。明治初年の慶喜は、維新間もないということもあって、新政府に対しては特に慎重に対応していた。慶喜から絶大な信頼を得ていた栄一は、次のように振り返っている。「明治政府に仕えるのをやめてから初めて慶喜に拝謁したとき、三条実美・岩倉具視・大久保利通・西郷隆盛・木戸孝允らの話をすると、知らぬふりをして話題をそらすので、慶喜は政治のことを見聞きする事を避けようとしているのだと悟り、その後は政治の話をしないようにした」

とはいえ、栄一はその後も数年に一度は慶喜を訪ね、そのたびに話が政治的なことに及ぶこともあった。しかし、慶喜はやはり政治には自分の意見を一言も述べなかったという。こうした態度は栄一はもちろん、自身の子どもに対しても変わらなかった。

すべて宗家に譲る

明治維新後に静岡に移封してからの徳川家当主は家達であり、慶喜はあくまでも隠居（先代当主）であった。慶喜は、宗家にあらゆることを譲った。すべてを投げ出し、結果として静岡に住んでいた頃の慶喜家は身分上だけではなく、経済的にも宗家の管轄の下に置かれた。

慶喜は家達への配慮を常とし、宗家に支配される形を徹底した。慶喜は自分の娘たちを東京の宗家に預け、ことあるごと家達に従順であるよう申し渡していたと伝わっている。慶喜の七女浪子が松平確堂の四男斉との縁談を嫌がったことがあった。慶喜は浪子を静岡の草深邸に呼び出し、家達家に世話になっている以上辛抱するよう浪子を諭したという。

宗家への従属は、慶喜家の家令や家扶たちの任命にまで及んだ。慶喜自身が家令や家扶の任命について「千駄ヶ谷（家達邸）から届いた任命状を自分が手渡した」と回顧している。

一方で、徳川宗家も徳川一族（旧御三家の水戸・尾張・紀伊や旧御三卿の一橋・清水・田安をはじめとした計一四家）に対して独裁的な立場にはなかった。当時の徳川一族では、投票により「徳川宗族長」を選出していた。そして、この宗族会とでもいうべき組織が時に構成メンバーである一族を監視することもあったようである。宗家にはまたしても御目付け役として、勝海舟・大久保一翁・山岡鉄舟が登場する。彼らは慶喜に対して求めたのと同じように、家達にも宗家としてあるべき姿を求めた。

慶喜家の経済的な支えは、宗家からの定期的な送金と、緊急の出費が必要となった際に支給される一時金であった。定期的な送金は主たる収入源で生活費となり、一時金は、明治二一年に慶喜が草深邸を新築した際の費用や、子女の東京遊学のための諸費用などに充てられた。

送金は、明治一七年三月頃までは数カ月おきに二〇〇〇円〜三〇〇〇円、その後は月々一〇〇〇円が為替で届くようになった。しかし、宗家との交渉を経て明治二三年五月から年間一万九〇四〇円となり、九月からは月一三〇〇円が支給された。徐々に増額はされたものの、家扶をはじめ使用人の給料に加えて、慶弔費や交際費もかさみ慶喜家の家計は苦しい状況であった。

実は慶喜家には、宗家からの支給金以外に、第十五国立銀行や第三十五国立銀行等に預けた金の利子収入があった。また、栄一や平岡準蔵らが慶喜家の資産を株式投資したり、銀行で利殖を図ったりしていた。ただ、これらの収入も宗家の管理下に置かれていたようだ。

やり繰りでは、慶喜が宗家をうまく利用していた面もある。慶喜家で支出すべき慶弔費を宗家に代行してもらっていたほか、日清戦争で戦死した軍人の「忠魂碑」建設への協力金を求められた際は宗家との関係を前面に出して上手に回避している。

主従の絆は深く

『家扶日記』からは、実に多くの人々が慶喜邸を訪ねていたことがわかる。旧幕臣、中でも江戸無血開城後の慶喜の水戸謹慎に付き従った、元新番組の中條景昭や大草高重の記事が少なくない。明治二年七月に牧之原開拓のために移住した彼らは、刀を鍬に持ち替えて原野だった牧之原を開拓し、お茶をはじめとした様々な作物を育てた。中條や大草は丹精込めた農作物を持って参じたのである。彼らの慶喜邸訪問は、明治二〇年代まで断続的に続いている。

また、萩原四郎兵衛と共に商法会所・常平倉で尽力した野崎彦左衛門も何度か慶喜邸を訪れた一人だ。慶喜が野崎邸を訪れたこともあり、行き来をうかがわせる野崎邸を自ら撮った写真も残っている。

明治二年に静岡を去った栄一はもちろん、その後何回も慶喜邸を訪れている。訪問は、明治八年から三〇年までの一二回を数え、栄一はそのたびに慶喜に土産物として、肴や柿などの食べ物、舶来品も含めた反物、菓子盆を持参している。慶喜も宴席を設けて栄一を歓迎したが、前述のように明治政府に対する評価などに発言が及ぶと、話をそらし自らの意見を述べることは一切無かった。それでも慶喜は、栄一には心を許し、頼みごとも断らなかったという。明治一六年二月二一日の『家扶日記』には、慶喜が栄一から頼まれた書九枚を下げ渡したとある。

明治三〇年（一八九七）一一月、慶喜家の東京移転は突如決定する。背景には六〇歳を超えた慶喜の健康不安があったと言われている。一一月一二日に静岡市長や議員に別れを告げ、家康の眠る久能山、徳川家ゆかりで自身の謹慎場所でもあった宝台院、そして静岡浅間神社に参拝を済ませ、一六日に見送りを受けて、三〇年を暮らした静岡を後にした。

明治三五年、慶喜には最高の爵位である公爵が授与された。本来、宗家の隠居にあたる慶喜が爵位を得るためには、宗家から分家して新たな家を立てる必要があったのだが、栄一がかねてから山縣有朋や伊藤博文に頼み込んでいたことが功を奏したらしい。この時には西南戦争で明治政府と敵対して世を去った西郷隆盛も爵位が与えられ復権を果たしている。西郷とのバランスを取る意味で慶喜の爵位もかなったのだろう。慶喜の政治的な復権は完全に果たされ、貴族院に議席も与えられることになった（実際には貴族院議員としての活動はしなかった）。

慶喜は、政治的復権と同時に、従属関係にあった宗家からも自立した。それは『家扶日記』の記述の変化からもうかがえる。これまで「殿様」と呼ばれた宗家の家達を、邸宅の所在地にちなみ「千駄ヶ谷様」と記すようになったのだ。宗家からの送金は明治三五年九月を最後に途絶えたが、慶喜が困窮することはなかった。日本橋区兜町にあった栄一の事務所を通じて株式に投資し、配当金がかなりの額に上っていたとみられる。栄一は慶喜家の財政を間接的に支えたのである。

2　主君の伝記編さん

勝海舟との確執

栄一の静岡生活が長引いた背景に、勝の存在があったことはすでに述べたとおりである。栄一は、後年、勝との確執にも似た関係性について自ら語っている。

私は、勝伯があまり慶喜公を押し込めるやうにせられて居ったのに対し、快く思はなかったもので、伯とは生前頻繁に往来しなかった。勝伯が慶喜公を静岡に御住まはせ申して置いたのは、維新に際し、将軍家が大勢を返上し、前後の仕末（始末）がうまく運ばれたのが、一に勝伯の力に帰せられてある処を、慶喜公が東京御住ひになって、大政奉還前後における慶喜公御深慮のほどを御談《かた》りにでもなれば、伯の金箔が剥げてしまふのを恐れたからだなどといふものもあるが、まさか勝ともあらう御人が、そんな卑しい考えを持たれやう筈がない。ただ慶喜公の晩年に傷を御つけさせ申したくないとの一念から、静岡に閑居を願って置いたものだらうと私は思ふが、それにしても余り押し込め主義だったので、私は勝伯に対し快く思っていなかったのである。

栄一は、このように勝こそが三〇年にわたって慶喜を静岡に押し込めた張本人であるとしているのである。

そもそも、栄一の勝の印象は初めて会った時から最悪だった。二人の出会いは、栄一がフランスから戻り東京小川町の静岡藩邸を訪れた時であった。当時の勝は明治新政府と静岡藩の間を取り持つ役割をしており、東京と静岡を往復していた。栄一は、初めて海舟に会った時のことを次のように回想している。

当時、徳川家が朝敵名義で懲罰にならずに済み、静岡一藩を賜はるようになったのも畢竟《ひっきょう》勝伯の力である。又勝伯を殺さうとするものが幕臣中に数多くあるに拘らず、何れも伯の気力に圧せられて近づくことが能《で》きぬなぞと、伯の評判は実に嘖々《さくさく》として喧《かまびす》しいもので、私も亦《また》当時は些《いささ》か自ら気力のあることを恃《たの》みにして居った頃であるから、気力を以て鳴る伯とは好んで会ったものである。然し、当時の私と伯とは全然段違ひで、私は勝伯から小僧のやうに眼下に見られ、民部公子の仏蘭西《フランス》引揚げには、栗本のやうな解らぬ人間が居ったんで嘸《さ》ぞ困ったらう、然し、お前の力で幸い体面を傷つけず、又何の不都合もなく首尾よく引揚げられて結構な事であった、などと賞められなんかしたものである〈デジタル版「実験論語処世談」〈3〉〉。

当時の栄一は、フランスから帰ったばかりの二八歳、一方勝は栄一より一七歳年長の四五歳であった。勝は江戸無血開城の立役者として、その名声が天下にとどろき、静岡藩の実質的な最高権力者と言える立場であった。栄一も、後には日本を代表する経済人として知らぬ人はいない存在となるが、この当時は昭武随行のためにヨーロッパへ赴いたとはいえ、あくまでも一幕臣であり勝とは比較にならなかった。

結果として、勝と栄一のファーストコンタクトは、勝が上から目線で栄一をまるで小僧扱いした形で終わった。このことは、栄一が後に勝との初対面の様子を語っているのに対し、明治維新の様々な人物評を後に述べている勝は一言も栄一について触れていない。それほど、勝にとって当時の栄一は取るに足らない存在であったのである。

慶喜が、静岡で趣味に没頭した明治一〇年代が過ぎ、二〇年代になると、慶喜を取り巻く環境も変わり始めた。明治二一年七月、勝と共に明治維新後の慶喜にとって特別な存在となっていた山岡鉄舟と大久保一翁の両名が死去した。この三名は、大政奉還後に慶喜助命のために尽力した人物である。

明治維新後は、静岡藩を経ていずれも明治政府に登用された。大久保は東京府知事から教部少輔、勝は海軍大輔をはじめとして最終的には枢密顧問官、鉄舟は侍従から宮内少輔となった。彼らはいずれも明治政府内で徳川家のために尽力した。栄一にはただ慶喜を静岡にとどめ置いただけのように見えた三人も、それぞれが徳川家存続のために力を尽くしていたのである。

鉄舟と大久保が亡くなった後、明治二〇年代は慶喜の再評価も進み、慶喜を取り巻く環境が少しずつ変わっていった。勝には慶喜が自由に動きすぎているように見えたのであろうか、明治二七年七月に勝は家達に宛てて意見書を提出している。その意見書で勝は、宗家と慶喜家は同格であるから慶喜家を手厚く遇するように求める一方で、徳川家が明治政府に対してとるべき態度を強く示した。そして、この意見書は勝のみによるものではなく、大久保・鉄舟も同意見であったとした。

山岡鉄舟
（国立国会図書館ウェブサイト）

この意見書は家達から慶喜に伝えられたのだが、勝はさすがに慶喜をこれ以上静岡に置いておくことはできないと判断したと思われる。栄一が酷評した勝は、実は慶喜のためを思い、今しばらくの自重を求めたのであった。

恭順貫いた功労者

明治二〇年代になると、慶喜を取り巻く環境は変化を見せる。維新から二〇年という月日が流れ維新を再評価する機運が高まると、「慶喜こそ維新の功労者である」と慶喜の評価が上昇した。

栄一はかねてから慶喜復権を目指していたが、その方法として慶喜の伝記編さん事業を考えた。幕府から明治新政府への政権交代がスムーズに進んだのは、新政府の先進性ではなく、臆病者と言われても朝廷への恭順を貫き続けた慶喜にあるということを、伝記という形で世間に知らしめようとしたのである。

栄一が、この伝記編さんの構想を最初に打ち明けたのは明治二六年頃、相手は旧幕臣でジャーナリストとしても知られる福地源一郎である。福地は、栄一と同じく旧幕臣であったが明治政府に出仕し、伊藤博文らとも親しかった。福地自身、幕府の通史を編さんしたいということを栄一に話していた。福地は、明治一六年にも『幕府衰亡論』という著作をあらわしており、歴史家としても知られていた。

福地を突き動かしたのは、明治時代に入ると徳川家を陥れるために事実を曲げて幕府を批判する書物が多く出されていたからである。こういった書物が多く残されると、後の時代の人々がそれらの書物に書いてあることを鵜呑みにして、本当の幕府の姿、慶喜の実像を理解することが出来なくなるのではないかと福地は危惧していた。当然、幕府を倒して誕生した明治新政府が編さんする歴史書であれば、明治新政府の正当性を主張するために自然と幕府が悪く書かれる。

慶喜復権に燃える栄一は、福地に慶喜の伝記編さんを依頼し承諾を得た。こうして、栄一が私財を投入した伝記編さんが始まることになる。編さんを始めるにあたり、まずは慶喜の許可を得る必要があった。栄一は、静岡藩時代の同僚で当時は東京で米穀商となっていた平岡準蔵を通じて慶喜に打診した。

福地源一郎
(国立国会図書館ウェブサイト)

しかし、慶喜の返事は「不許可」であった。慶喜は、かつての自分のことが世間に知られることを忌避した。慶喜にとっては、朝敵となった維新の過去は決して人には触れられたくない過去だったのである。それでも栄一は粘った。結果として、慶喜の死後相当の時期が経過してから公にするという条件付きで、伝記編さんの許可が得られた。

伝記編さんは、栄一が深川に所有していた屋敷の一室を編さん事務所とし、福地がそこに通って執筆を行ったが、史料収集は桑名藩出身の歴史学者である江間政発《えませいはつ》が行った。こうした始まった編さん事業だったが、翌明治三七年（一九〇四）に福地が衆議院議員に当選し多忙となったため一時中断となり、さらに二年後の明治三九年に福地が病死してしまう。

栄一は、福地に代わって東京帝国大学教授で史料編纂掛主任であった三上参次に相談、歴史学者に慶喜の伝記編さんを依頼することとした。栄一から話を受けた三上は、幕府関係者による慶喜の伝記編さんでは、自然と幕府寄りの立場からの叙述となり、公平性が保てないとして、編さん主任に同じく東京帝国大学教授の萩野由之を推薦し、栄一はこれを承諾した。以後、慶喜の伝記編さんは三上が監修者のような形となり、萩野ら歴史学者によって進められた。編さん事務所は、日本橋兜町にあった栄一の事務所に置かれた。明治二六年に編さんを考えてから実に一〇数年、明治四〇年六月に編さん事業はようやくスタートしたのである。

聞き取り・執筆始まる

静岡時代の慶喜は、栄一をはじめとした旧幕臣だけでなく、自分の子どもたちにでさえ、維新の出来事や明治政府について語ることはなかった。当然、伝記編さんについても当初は消極的であった。しかし、東京転居後の明治天皇拝謁、公爵授爵により慶喜の名誉が回復されると、それまでの消極的な姿勢に変化が見られた。

明治三五年あたりから、慶喜の実家水戸藩に関する資料『水戸藩史料』の提示を受け、誤りがあれば訂正している。自分の過去を歴史として確定していく作業に、慶喜は主体的に関わっていくようになるのである。

また、明治三八年には慶喜邸を訪れた大隈重信に幕末の外交事情を語った。大政奉還や江戸城開城まで及んだこの時の話は、四〇年一二月に大隈がまとめた『開国五十年史』の中に、「徳川慶喜公回顧録」として収められている。

同時期、慶喜は東京帝国大学史料編纂掛からの幕末史に関する問い合わせにも回答し、さらには新聞社が幕末史に関する記事を紹介する際に、自らの写真の提供にも応じた。

このように、過去を見つめることに積極的になってきた慶喜の姿勢は、伝記編さんにもあらわれてくる。伝記編さんを任された編さん員たちが、直接慶喜に質問をする「昔夢会《せきむかい》」という会が、明治四〇年七月から大正二年九月までの約七年、二五回にわたって開かれた。会場となったのは、兜町の編さん事務所のほか、慶喜邸や栄一の飛鳥山邸でも行われた。

伝記編さん作業は、編さん員が一章ごとに提出してくる原稿に栄一が目を通し、その上で慶喜のチェックを受けた。正確な伝記とするために慶喜自らが編さん員に説明することもあったという。編さん員たちは、慶喜の回答に疑問があれば関連史料を提示し、直接慶喜を問いただす場面さえあった。当然、慶喜が返答に窮することもあったのである。特に、慶喜が朝敵となった鳥羽・伏見の戦いの記述については、史料に基づき厳しく問いただす編さん員に対して、慶喜は苦しい言い訳に終始していたという。

栄一は、『徳川慶喜公伝』の編さんとあわせて、昔夢会での編さんと栄一、慶喜のやりとりを収めた『昔夢会筆記』も刊行した。同書には、慶喜の勝海舟・大久保一翁の評価が述べられている。明治政府をはじめ、維新に関わった人物の人物評、特に批判的な発言を決してしなかった慶喜だったが、同書のなかで二人についてはかなり酷評している。

大久保については、「器量こそありたれ、資性偏固にして、事を執るに当り、おのれが意に合うと合わざるとによりてすこぶる手心を用い、政務をすること少なからず」とその性格を批判し、勝については、「(江戸無血開城に勝が果たした役割について)勝のこの時の態度は、世に伝うる所とはいささか異なるものあり。すべて勝の談話とて世に伝うるものには、多少の誇張あるを免れず」と、世間一般の評価に反論している。

このような、慶喜にしては珍しい他人の批判を『昔夢会筆記』に収めたのも、慶喜復権を強く願う栄一らしいことだったのではないか。

全八冊の大部刊行

慶喜は、歳を重ねるごとにますます伝記編さんに対して熱心に取り組むようになった。慶喜家の蔵書「徳川文庫」(現在は静岡市清水中央図書館所蔵)の中の慶喜が読んだ可能性がある書物には、かつて敵対関係にあった大久保利通や三条実美ら、明治新政府の人物に関するものも少なからず含まれている。慶喜は老いとともに、自らの人生を後世に伝える伝記編さんに熱意を傾けるようになったのである。

晩年の徳川慶喜
(国立国会図書館ウェブサイト)

『家扶日記』によると、明治四五年六月八日、栄一の伝記編さん事務所から第五編四・五章の原稿を受け取った慶喜は、わずか二日後には目を通した上で返却したという。慶喜がこうまで伝記編さんをはじめ、先に見た大隈重信による『開国五十年史』も含めた幕末史編さんに協力した背景には、老いた自分に残された時間が少ないことを悟ったのと、息子の久（後の慶久）が成人し家を任せることができるようになり、自分の時間が取れる余裕が出てきたことがある。それに加えて、繰り返し述べたような明治二〇年代以降における慶喜の評価上昇が関係していた。結果的に慶喜が目を通すことができた伝記は初稿本のみであったが、慶喜は『徳川慶喜公伝』の静岡移住の章、すなわち自分が歴史上一番重要な役割を果たしていた時期の原稿を自らの手でチェックしていたのである。

慶喜は、亡くなる三年ほど前からかなり体調を崩していたと栄一は証言している。慶喜は間近に迫った自らの死に備え、少しずつ準備を始めた。隠居を決意し、慶喜家の家範を制定する。家範の制定は、明治二七年に公布された華族令追加第一一条によって認められたものであったが、慶喜は特に必要性を認めていなかった。息子久の結婚もあり、そろそろ家範を制定しようという気になったのであろう。

慶喜は、栄一に慶喜家の顧問兼会計監督を委嘱し、もちろん栄一は承諾した。

慶喜家の家範は明治四三年一一月二四日に調整（作成）され、宮内大臣に慶喜が提出して認可を受け、一二月四日に「御家範発布式」が挙行された。続く一二月八日、慶喜の隠居願いが許可され慶喜は宮中に参内した。こうして慶喜の公的な人生は終了し、慶喜家は慶久と改称した息子の久が継いだのである。

明治四三年（一九一〇）には、慶喜が親しくし栄一ともつながりの深かった弟の昭武が死去する。また、明治天皇の崩御も慶喜にとっては大きなショックであった。慶喜自身も体調を悪化させ、慌てた栄一が駆けつけたほどであったが、慶喜の容態は明治天皇の死後ひと月以上も良くない状態が続いた。慶喜がこの世を去ったのは、明治天皇が亡くなってから一年四カ月後の大正二年（一九一三）一一月二二日のことであった。直接の原因となったのは、慶喜の九男誠に男爵の爵位が授けられ、風邪を押して宮中に参内したことで体調を悪化させたのである。

慶喜の葬儀委員長は栄一が勤めることとなったが、慶喜家が慶喜の遺志により葬儀を神式で行うことを徳川家の菩提寺である上野の寛永寺に伝えたところ反発を買い、漸く寛永寺裏手の空き地に斎場を設けることでようやく葬儀が執行された。

『徳川慶喜公伝』は大正六年に完成した。本文に加え、典拠資料を収めた附録や索引を含め全八冊という大部な伝記が完成した。刊行されたのは翌七年で、慶喜と編さん員のやりとりをまとめた『昔夢会筆記』は大正四年に二五部のみ印刷され、慶喜家と編さん員に配られた。この時、慶喜家の跡取りである慶久に贈られた『昔夢会筆記』の第一部は現在も「徳川文庫」の一冊として静岡市清水中央図書館に所蔵されている。

『徳川慶喜公伝』刊行に先立ち、慶喜の死からちょうど四年後の大正六年（一九一六）一一月二二日、栄一は慶喜の墓前に献呈する奉告式を執り行った。徳川家からは宗家の家達夫妻、慶喜家当主の慶久、慶喜の子の厚夫妻と勝精一夫妻が、編さん者側からは栄一と三上参次たち、特別に慶喜の九女経子が臨席した。

奉告式の中で、慶久が『徳川慶喜公伝』編さんの趣意をまとめた奉告文を読み上げ、続いて完成した伝記を栄一が墓前に添え、栄一自身も編さんの経緯と伝記の完成を慶喜に奉告した。

一般への『徳川慶喜公伝』披露は、翌大正七年三月一八日に帝国ホテルへ新聞・雑誌・通信社の社長らを招いて開かれた完成披露の宴であった。主要なメディアの代表者らが集まったのは、実業界の大物となった栄一の力が大きかった。

コラム8

策源地・静岡で大いに語る

栄一は、六〇代後半から七〇代にかけて、静岡県内で何度か講演を行っている。かつて日本資本主義の策源地としようとした静岡で、栄一は思い出を交えながら県民に対して熱く語りかけた。そのいくつかを取り上げたい。

ダブルヘッダー

明治四一年（一九〇八）一一月一五日、六八歳の栄一は静岡で一日二回の講演に臨んだ。午後二時から静岡市物産陳列会で静岡教育会第九回講演会、午後四時からは同じ会場で静岡市立商業学校（現在の静岡県立静岡商業高校）の生徒を前に話した。演題は順に「維新前後ニ於ケル教育上ノ変遷」と「学問と実際、仁義と富貴」。

地元の静岡民友新聞が、静岡教育会での講演について四回にわたって特集記事を組んでいる。それによると、栄一は「静岡市は殆ど第二の故郷位に思つて居るのでございます」と地元へのリップサービスから始め、本題へと入る。維新以前の教育、特に民衆を対象とした寺子屋などでは十分なカリキュラムが練られておらず、簡易なものを学ぶに過ぎなかったと指摘。一方で、西洋の学問を取り入れた維新以後についても、教員や学生の粗製乱造がはなはだしいと強く批判している。さらに商法会所の経験を語るとともに、当時問題となっていた日清戦争後の経済問題にも言及している。

そして、静岡の人々に対して栄一流の檄を飛ばして締めくくっている。

極く有体に申すと、御当地は余り突飛な事も為されぬ、又さして失敗も為されぬ、至極御無事であらつしやるが、其代りに物の進みに後れる恐れがないでもない、即ち一長一短で、躓《つまず》かない代りに速く歩けない、もう少し進むで歩いて戴きたい、併し余り急いで転んではならぬ悪くすると転ばぬ代りに臥て居る嫌ひがありはしないかと思ふのである、教育上に就ても、又経済上に就ても、私の申述べやうと思つた事は先づ此辺であるが、唯だ私の重ねて云つて置きたい事は、御当地の諸君は勤勉力行であらるゝ事は甚だ喜ばしいが、何れかと云ふと転ばぬ代りに足の進みが鈍い様である、要するに転ばぬ様にはしたいが、も少し駆足に御歩きなさる事を希望するのでございます。

栄一は、突飛な事よりも安定を重視する静岡の人々に対して、「転ばないように注意はしなければならないが、駆け足で走らなければいけない」と諭したのだ。当時、清水港が日本一の茶輸出港となり、静岡の経済はますますの成長を見せていた。かつて一度は静岡の茶を見限った栄一だったが、茶の成功は認めつつ、茶にとどまらない新たな挑戦を目指すよう、辛口の激励を送ったのである。

静岡教育会に続く静岡商業学校での講演は、比較的短いものだった。少年時代の自身の勉強ぶりを「商売往来を読んだ位であった」と振り返った上で、「学問と行動は分離すべからざるものであり、仁義道徳と功名富貴は矛盾するものではない」と商売を行う上でも道徳が必要であるという持論を生徒たちに説いた。

講演後、かつて商法会所が置かれていた地に建つ浮月楼へ移動し、長島弘裕静岡市長以下多数の関係者を集めた宴会が行われた。栄一にとって思い出の場所だったが、商法会所で共に奮闘した仲間たちはすでに亡くなっていた。

演説中に倒れる

大正二年（一九一三）、七四歳となった栄一はまだまだ精力的に活動していた。三月二三日、島田町（島田市）の島田町修養団の招きに応じて、同地を訪れた。島田訪問が決まると、長島弘裕静岡市長と静岡商工会議所会頭の尾崎伊兵衛（商法会所御用達を務めた尾崎伊兵衛の息子）をはじめ、島田町役場、島田警察署、志太郡役所、志太教育会など関係者は準備に追われた。栄一を歓待すべく、島田の素封家である森淑、秋野雅太郎、天野簾《れん》らによる協議が行われ、森淑邸が栄一の休息所に決まった。併せて、小学校の講堂で歓迎会を行うために食事の準備をさせた。

当日正午すぎ、急行列車で静岡駅に着いた栄一は電車を乗り換え、一時半すぎに島田へ到着。迎える島田は大騒ぎとなっていた。「栄一来る」の報が広く宣伝されていたため、電話で様子を聞いてくる者、川根など近在からの団体、礼服姿の老人らをはじめ、故郷の名誉と東京から駆け付けた島田出身の学生までいたという。

島田開盛座を会場に、島田町修養団の大井嘉一の開会の辞に始まった歓迎会で、栄一は「時局に対する青年の覚悟」と題して講演した。そこでアクシデントが起きる。「社会教育のために人心の統一を図りたいが、宗教ではそれを実現できないので儒教による人心統一を期したい。そのために修養団の援助者となった」と語ったところで、栄一は眩暈《めまい》を覚え講演は中止となった。医師の診断では軽い脳貧血であった。七四歳という高齢、しかも当日は寒い会場で開会からずっと臨席していたため、栄一は体力を消耗していたのだ。すぐに森淑の屋敷に移され一晩休養した。その間、「渋沢男爵、島田で倒れる」の報は日本中を駆け巡った。歓迎会の翌日には静岡での講演も予定されていたのだが、急きょ中止となった。関係者は恐らく気が気でなかっただろう。幸い、栄一は翌日には回復し、そのまま東京へ戻ることとなった。大勢の人々から見送りを受けて栄一は上機嫌だったという。島田駅を出発した栄一は、藤枝駅でも駅長以下藤枝の修養団員に送られて午後三時四〇分に静岡駅に到着。四時の急行列車に乗り、八時には新橋へ到着した。

第9章　静岡　忘れがたく

1　徳川ゆかりの地

旧幕臣親睦団体に加入

明治三五年九月、慶喜が公爵受爵となった後、栄一は旧幕臣の親睦団体である「同方会」の賛助員となった。維新の記憶も薄れつつあったこの頃、全国各地で旧藩士たちによる親睦を趣旨とする集まりが出来て、広く活動を始めていた。旧幕府の系譜を継ぎ、維新後にわずかな期間で役割を終えた旧静岡藩も同様で、同方会のほか葵会などの団体が結成されていた。

栄一の加入は、慶喜の復権がなったことを受けてのタイミングで、他の旧幕臣以上に慶喜への思いがうかがえる。慶喜から宗家を相続した家達《いえさと》は、栄一の死後、彼について次のように語っている。「渋沢にとっては慶喜こそが忠誠を尽くすべ

徳川家達は史上最も長く貴族院議長を務めた
（国立国会図書館ウェブサイト）

き主君であり、私との間はノーブレスオブリージュ（身分の高いものが果たさなければならない社会的責任と義務）を果たすためのパートナー関係であった」

明治後半から大正にかけて、家達と栄一が一緒になって社会活動を行う団体が多数存在したが、これは二人が静岡藩時代の主従だったからというわけではなかった。慶喜復権で徳川家を取り巻く一員に「復帰」した栄一に対して、家達としても協力したということだったようだ。

静岡育英会事業

家達・栄一ラインで行われた事業の一つに「静岡育英会」の事業がある。静岡育英会は、明治一八年に旧幕臣子弟に対する奨学事業のための任意団体「育英会」として誕生した。発起人は赤松則良（海軍省主船局長）、大築尚志（陸軍省砲兵局長）らであり、趣意書には旧幕臣の子弟が父兄の困窮により就学の機会を失っていることを危惧し、学費を補助して優秀な人材を養成するために設立したとある。

発足当初は、静岡在住の旧幕臣の子弟への支援が企図されたが、活動の中心となる事務所は東京に置かれ、静岡では「支所」が事務を担当した。支援を希望する生徒には体力・学力の試験を課し、合格者を家々の資産に応じて自費で修学する者、学費一部を貸与する者、全額貸与する者に分けた。

また実際に支援しない場合でも、育英会への入会自体は認めている。これは、入会によって旧幕臣の子弟を旧幕臣ネットワークに組み込もうという狙いがあったと思われる。

初期の活動には不明な点が多いが、経営方針について総会では熱心な議論が行われていたらしい。明治二二年に育英会から静岡育英会と改称し、徐々に活動の幅を広げていった。しかし、この段階でも会員の九割は東京在住で、静岡在住者は一割に過ぎなかった。静岡の名を冠してはいたものの主な対象は東京在住の旧幕臣子弟に限られ、かつての静岡藩関係地の人々とは隔絶し、その活動も十分に理解されていなかった。育英会から学費援助を受けた学生の中からは、静岡にも他県にあるような旧藩が主体となった育英事業を行うべきだという声も上がるようになった。

会長を務めた榎本武揚の発案で、育英会が出資して私立学校「育英黌」も設立されたが結局、農業科以外の商業科、普通科が有名無実のまま推移したため、数年後には東京農学校（現在の東京農業大学）として独立してしまう。

この後、育英会は会員数を減らし、学資金の貸与を受けながら途中で修学を諦めてしまう学生も出るなど、活動は停滞し関係者の危機感は次第に強まっていく。そもそも江戸時代以来の絆、つながりに裏打ちされていたわけではない、新たに誕生した静岡藩に集まっただけの旧幕臣による親睦団体ゆえの限界というべきだろうか。拠るべき土地のない旧幕臣たちが再び結合していくには、旧藩主としての徳川家の存在が必要不可欠であったのだが、政府への手前もあり、明治期の徳川家は旧幕臣らの団体とは距離を置き、積極的に関わらなかったのである。

こうした旧幕臣と徳川家の関係に変化が現れる契機となったのは、徳川慶喜の死去と久能山三百年祭であった。

久能山三百年祭

大正四年(一九一五)、家康の命日四月一七日をまたいで一三日から二二日の一〇日間にわたって、久能山三百年祭が執り行われた。地元の湯浅倉平静岡県知事が代表となって久能山東照宮三百年祭奉斎会を組織。静岡市もまた小森慶助市長を会長とする久能山東照宮三百年祭静岡市協賛会を設立して臨んだ。関連事業として、長島弘裕前静岡市長が会長を務める静岡市教育会は文学博士中村孝也執筆の『東照公伝』を刊行した。

家達をはじめとした徳川一門(尾張、紀伊、水戸、福井＝松平春嶽の系統、松戸＝昭武の系統など)は、四月一八日に久能山東照宮を参拝した。この日、静岡市内では徳川一門に観覧させるべく大名行列が企画されていたが、雨のため順延となってしまう。何とか徳川一門に大名行列を披露したいと知恵を絞った結果、県庁内の廊下を練り歩くことになったという。

三百年祭の期間中、様々な催しが静岡市内を中心に繰り広げられた。静岡県議会議事堂では奉斎会主催の家康に関する展覧会。静岡民友新聞社主催の徒歩大競走会（市内商店を巡る今でいうスタンプラリー）や、静岡朝報社主催の仮装行列競技会などもあり、静岡市周辺を走る鉄道は増発や割引の措置が取られた。一方、便乗商法もあれこれ登場し、静岡市内の料理屋では「三百年祭料理」「葵飯」、菓子屋では「葵煎餅」や「葵饅頭」などが売られ、催し物を撮影した写真集も飛ぶように売れたという。久能山三百年祭は、「まちおこし」として大成功だったのである。

久能山三百年祭を機に、静岡では静陵葵会という親睦団体が発足した。初代会長に元静岡市長の長島弘裕、副会長に元静岡県警察部長袖山正志が就任。二人とも旧幕臣であった。同会の特徴は、旧幕臣に限らず地元名士が参加したことであった。静岡育英会が対象を旧幕臣の子弟から、後に県民へと広げたように、静陵葵会も当時の静岡県と徳川家の関係が改めて深まっていくなか、ある程度は県民に開かれた会として発足したのである。

このほか、育英奨学を目的に、徳川一門が拠出した基本金を運用して研究を助成する「東照宮三百年祭記念会」も組織された。同会は、文系理系を問わず幅広い分野への研究助成を行い、学会の発展に寄与した。また、各地に暮らす士族の教育振興のために学資金を一元化することも試みられたが、こちらは実現しなかった。

久能山三百年祭は、単なる記念事業、まちおこしという側面にとどまらず、静岡県民が徳川家との関係性を再認識する一大イベントとなった。「静岡は徳川ゆかりの地」「静岡の殿様は家達」という意識を強く持たせる機会でもあったのである。

東照公と前将軍

久能山三百年祭期間中の四月一九日、静岡県教育会の総会に合わせた講演会が静岡師範学校講堂を会場に開催された。講師と演題を見てみると、『東照公伝』を執筆した歴史学者中村孝也の「東照公を憶ふ」、『徳川慶喜公伝』に関わった文学博士三上参次の「東照公及び江戸時代」に続き、栄一の講演「東照公と前将軍」が行われている。その内容を紹介したい。

栄一は、講演に備えて多くの書物を読みあさっていたようで、家康については同じ日に講演を行った中村や三上の著作に触れるとともに、幕府の正史である『徳川実紀』をはじめとした古記録の記述を引用。頼山陽の『日本外史』には異論を述べながら、自らの想いを語った。

おなじみの「静岡市は第二の故郷でございます」のリップサービスから始まり、まずは家康の幼少期について中村や三上の著作に拠りながら語った。続いて、「東照公の情的方面」として、栄一は家康を「少しく残酷」と評した。理由には、長男信康を自害させたこと、次男秀康を養子に出したこと。その一方で、三代将軍家光に対しては、世継ぎとするため老齢の身を押して駿府から江戸に出向き、秀忠と秀忠正室の江に対して強く迫ったとし、「人情深いお方ではあるが、或る点から又きわめて残忍酷薄と申上げたい」と、厳しい見方を披歴している。

「武家諸法度」や「禁中並公家諸法度」を制定した家康の業績については、武士と朝廷の役割を明確にしたたと評価。また、家康の遺訓として伝わる（実際には他人の作であるが）「人の一生は重荷を背負うて……」は、論語からきているとし、家康は戦国の世にも仁義道徳が必要だと考えていたのだと、論語重視の姿勢を指摘した。

さらに、信長、秀吉、家康の人物評のくだりも興味深い。信長は「機敏」、秀吉は「闊達」、家康は「緻密」であると評し、家康は開国的であり世間に思われているほど保守的ではなかったとしている。そして、てんぷらの食べ過ぎで死んでしまったのだから、聴衆諸君は腹を壊さないように注意するように、と笑いを誘うのも忘れなかった。

続いて最後の将軍慶喜についてである。これまで何度も見たように、栄一の歴史に対する姿勢には常に慶喜復権への思いがあった。『徳川慶喜公伝』編さんで得た知見を踏まえて、慶喜の幼少期から栄一と出会った頃までを語り、かの西郷隆盛からも人物を高く評価されていたことなどを紹介し、大政奉還後の日本の歴史は慶喜の英断によってつくられたと、他の場でも述べたことを繰り返した。

最後に、「家康は『旭日昇天の姿』、慶喜は『夕日の西に没する様な有様』であり二人とも静岡市として最も深い記念を遺した大政治家大偉人である」として締めくくっている。

2　県立葵文庫に寄せた思い

関口隆吉の「久能文庫」構想

現在の静岡県立中央図書館の前身である葵文庫。その設立には八〇代も中盤にあった栄一も関わっていた。設立当初の葵文庫は、単なる図書館にとどまらない大きな使命を帯びていたのだが、まずは葵文庫誕生の前史である初代静岡県知事関口隆吉による「久能文庫」提唱から話を始めよう。

旧幕臣で、明治初年は静岡藩の東京事務所に勤めていた関口は、栄一のフランス滞在中の運用益が明治新政府から問題視された折、最初に新政府と掛け合った人物である。東京勤務を終えた関口は牧之原開拓の一員となるべく菊川に移住した。静岡藩解体後は山形県権令、山口県令（何と長州閥の地元山口県の県令を旧幕臣が勤めた）などを経て静岡県令、そして明治一九年に初代静岡県知事になった。県知事に就任した関口は、欧米に倣った図書館を静岡にも建設しようと考える。自ら図書や史料の収集にも当たり、就任の年の一一月、「久能文庫建設ノ広告」という設立趣意書をまとめた。

趣意書には、日本が近代国家として発展を遂げつつある時代、古いものを集める文庫の設立は時代に逆行するようにも見られるが、実は意味あることだと述べている。古来日本にはいくつもの著名な文庫がある。ただいずれも漢籍が中心で、歴史や地理に関する資料が充実した文庫も少ないとした。その上で「久能文庫」の目的には、静岡に関する歴史、地理、統計、法律、沿革など諸分野の資料を網羅的に収集することを掲げた。さらに、欧米諸国においても過去の資料が尊重され、学問に役立てられている事実を指摘している。

関口隆吉
(国立国会図書館ウェブサイト)

具体的な収集対象は書籍に限らず、文書や記録も含むとした。関口はそれらこそが静岡県にとって有用なものと考えたのである。計画によると、久能山に「文庫」を設け、寄付の形で蔵書を形成していくとし、旧幕府以来の文書、記録も広く収集する方針を示した。

現在、静岡県立中央図書館の特殊コレクション「久能文庫」は、関口が収集した資料八三五部二四五四冊からなり、日本史、農業、軍事分野の図書、資料が多いという特徴を持つ。備荒貯蓄に関するものは、牧之原開拓に関わった経験や、静岡藩が常平倉にその役割を期待したことを反映して点数も多い。また、関口自身が県内を巡察した時の記録「巡察復命書」をはじめとする公文書、関口が大久保利通や伊藤博文、勝海舟、山岡鉄舟らと交わした書状類、さらには栄一も参加した徳川昭武のフランス滞在中の「御用留」なども含まれている。

久能文庫は、まさに江戸時代から明治初期における図書、記録資料の貴重なコレクションといえる。そして、関口は西洋の新しい知識を得ること以上に、日本そして静岡県に残る過去の書籍、文書、資料に有用性を見いだし、その価値を理解していたのであった。それは当時最新の西洋の図書館知識に基づくものであったろう。

しかし、残念ながら関口は明治二二年四月に東海道線の列車事故で負傷、それが元で急逝してしまう。収集した書籍、文書、記録類は久能山に預けられたまま、しばらくの間、眠りに就くのである。

設立支援快諾の理由

関口の死から三〇年余りが経過した大正一〇年一一月一七日、静岡県会では徳川家の記念事業として県立図書館「葵文庫」の設立が提案され、議決された。当時執り行われた久能山三百年祭に触発されるように、静岡県と徳川家の結び付きは改めて強まっていた。県の大事業である葵文庫建設に対して、徳川家達と栄一には寄付の依頼があった。家達と栄一はこれを快諾し、五万円寄付をしている。葵文庫開館の際には、県知事や葵文庫長の貞松修蔵から式典への臨席を求められたが、栄一は八六歳という高齢を理由に辞退している。

翌年、貞松は栄一の飛鳥山邸を訪ねて面会している。その際に栄一は葵文庫を支援した理由を語っている。

第一の理由は、「徳川時代の学問の復興は静岡より発している」ということであった。長く続いた戦国時代、日本では学問が衰退した。駿府を隠居の地と決めた家康は、林羅山に命じて古今の書物を駿府に蒐集させ、自らも様々な学問に励んだ。「駿河版」と言われる日本最古の活版印刷も家康の大御所時代を象徴する文化的な遺産であり、「葵文庫は近世文化史の金字塔」として静岡の地で広く人々に開かれるべきであると述べた。

もう一つの理由は、やはり慶喜復権のためであった。栄一は明治大正時代の日本の文化発達は、慶喜の大政奉還の決意と静岡での堪忍自重があればこそと常に考えていた。慶喜の決断があったからこそ西洋列強による内政干渉も起こらず、近代化を進めることができたというのだ。功労者と持ち上げられている勝海舟如きが何人いても務まるものではない、と勝に対する相変わらずの辛口を

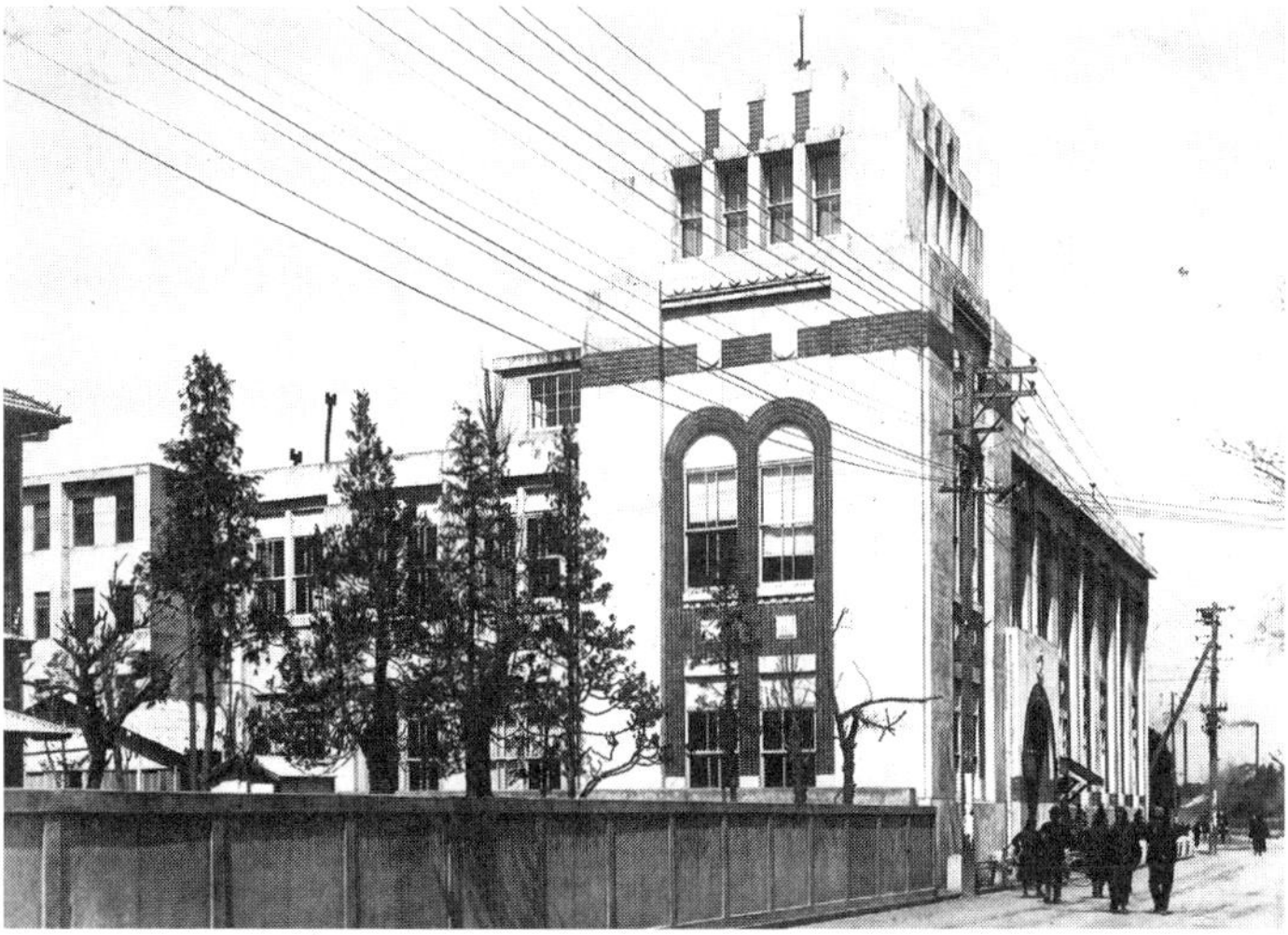

葵文庫は駿府城代の屋敷跡に建てられた
(静岡県立中央図書館蔵)

葵文庫で開かれた展示会の様子 (静岡県立中央図書館蔵)

交えながら、いかに陰口をたたかれようとも慶喜が維新後の長い時間を耐え続けて過ごした静岡の地に葵文庫が設立されることは意義深いと、涙ながらに語ったという。栄一は、いつか葵文庫を訪れたいと話したが、結局老齢のためかなわなかった。

収集・保管と活用も視野に

葵文庫のコレクションの多くは、静岡藩時代に存在した静岡学問所の蔵書であった。旧幕府の蕃書調所や外国方の蔵書を含み、それらは廃藩置県後、静岡師範学校に移されていたが、関口が収集した久能文庫とともに葵文庫に移管された。旧幕府の文庫としては江戸城紅葉山文庫の蔵書からなる内閣文庫（国立公文書館）が知られているが、静岡にもそれと並ぶほどに大変貴重な旧幕府蔵書がまとまって残っているのである。

葵文庫は、静岡学問所旧蔵図書や久能文庫に加えて、追加資料として静岡県に関連する偉人の文書や記録類も収集対象とされた。関口が久能文庫構想の折に述べた考えが引き継がれる形になったのである。

注目すべきは葵文庫の活動である。定期的に講演会を行ったのに加え、コレクションをはじめ個人蔵の古文書、資料を一堂にした「郷土資料展覧会」を開いていた。また民間のもとにある古文書、資料の所在も把握しておくため、それらを借用して写本を作成したり、所在目録を作成したりする作業を行っていた。現在でも、個人蔵の古文書の閲覧に伺うと、葵文庫の展示会の際に貼付された札がそのまま残っていることがある。葵文庫は閲覧・貸し出しを中心とした通常の図書館業務に加え、歴史博物館的な機能も担っていた。特に展覧会事業は、郷土資料の価値と保存の重要性を県民一般に広く啓発する機能も果たしていたのである。

もう一つ注目したいのは、葵文庫が県の公文書を収集し公開しようとしていたことである。実際には実現しなかったが、葵文庫長貞松は公文書も相当の年月を過ぎればそれを民衆に公開する必要がある、と公開（情報公開）を考えていた。日々作成される公文書が、役人のためだけのものではなく、未来に有用な歴史資料として公開されるべきという先進的な考えだ。

現在、静岡県には県立の歴史博物館も公文書館も存在しないが、約一〇〇年前、葵文庫はその両方の機能を果たそうとしていたのである。

3　玉泉寺改修とハリス記念碑建立

若き住職の思い届く

大正一一年（一九二二）、伊豆半島の南端に位置する静岡県賀茂郡浜崎村（下田市）にある曹洞宗寺院玉泉寺の住職村上文機は、ある大きな志を持って栄一を訪ねた。当時若干二六歳の住職が、実業家として名をなした栄一に玉泉寺保存のための寄付を願い出たのだ。何故、村上住職は下田の地からはるばる栄一を訪ねたのだろうか。その背景には玉泉寺幕末維新の歩みがあった。

ここで、幕末における下田について少し説明しておこう。嘉永七年（一八五四）、日米和親条約締結とともに下田港が開かれ、外国船へ薪炭、食糧、水を補給する基地となった。アメリカ合衆国の総領事館が玉泉寺境内に設けられ、総領事として着任したのがタウンゼント・ハリスであった。この時期、下田は確かに日本の外交の中心地だったが、安政六年（一八五九）に横浜、神戸、箱館が開港されると、下田港は廃港となった。下田の賑わいは去り、以前のような静けさにかえってしまう。

それから七〇年余りを経た大正一〇年代、玉泉寺は顧みられることはなく、庫裡、位牌堂、梵鐘堂は朽ち果て、辛うじて本堂を残すのみであった。しかし、玉泉寺はアメリカにとっては変わらず重要な場所であった。境内には、日本で亡くなったアメリカの軍医官ジェームス・ハミルトン以下四名の墓があり、明治以降もアメリカ大使館関係者が毎年五月三〇日、慰霊に訪れていたのである。村上住職は、折角来訪してくれる大使館職員らをもてなすにも場所が無く、他の客が来ても集まって話をする場所さえないことをずっと遺憾に感じていたのである。

そこで村上住職は一念発起、地元の浜崎村、下田町、賀茂郡を動かして玉泉寺保存のため寄付金を募ることを思い立ったのである。当初、地元は協力的ではなかった。誰もがまだ自らの生活に精いっぱいの時代、寄付などする余裕は無く、檀家でさえ「檀徒として深く関与することはできぬが、住職として心配してくれることなら結構な事であるから、存分におやりなさい」と、反対はしないが寄付は難しいという反応だった。村上住職は活路を東京に求めた。少なからぬ理解者を得て、実業家添田寿一を通して日米協会、そこからついに栄一へとたどり着くのである。

村上住職の遺した『開国史蹟玉泉寺今昔物語』によれば、協力を求めた村上住職に対して、栄一は以下のように述べたという。

兎に角、話の内容、名簿の具合では、余りにも地元の人々が無関心の様にも思われる。一体地元で及ばぬ所を吾々貧乏乍《なが》らも応援するというのが順序で有って、これでは本末を転倒しているようにも考えられる。も少し地元の方から固めてこられるのが至当であろう。だがしかし、ハリスという人は、従来考えていた様な外国人とは大いにその性質を異にし、多分に日本の武士道的気質を持っていた人で、自分としても私淑している。その人の最初の宿舎、即ち領事館が荒廃しているにつけ、その修繕の為にお出かけになったことに対しては、無下にお断りはしませんが、総て物には順序のあること故、前申したとおり地元の方から固めて来られるのが結構だろうと思う。

本来は地元による運動が高まり、地元では足りないものについての援助を求めてくるのが順序であって、地元で協力が得られないから東京へ出てくるというのは本末転倒である、と栄一は村上住職をたしなめたのだ。しかし、ハリスの功績を知るだけに領事館であった玉泉寺の荒廃を無下にはしておけない。だから、まず地元の協力をしっかり取り付けるよう、村上住職に言ったのである。

村上住職はその後も何度となく栄一の事務所を訪ねて信用も得ていたようだが、大正一二年(一九二三)九月一日に起こった関東大震災によって、栄一の事務所は焼失してしまう。村上住職は、仮事務所に栄一を見舞い、「こんな時ではあるが」と玉泉寺保存への援助の可否を尋ねた。すると、栄一から「誠に感心できぬ時ではあるが、規模を縮小しやり直したらよかろう」という返事を得た。

こうして、翌大正一三年（一九二四）六月、栄一のもとに一通の書状が届く。玉泉寺の檀徒惣代四名と浜崎村長、下田町長の連名で、玉泉寺保存のため資金援助を乞う内容であった。村上住職は栄一との約束を守り、地元との協力体制を構築したのであった。書状は、まさに玉泉寺だけではなく、地元の人々による保存運動が動き出したことの証左となるものだった。

実はこの書状を受け取る前から、栄一は玉泉寺保存への動きを始めていた。五月には日米協会会長であった徳川家達に対して、事の次第を記した書状を出し、玉泉寺保存へ日米協会として協力していきたいという意思を伝えた。家達の返事は、日米協会執行委員会を開いて希望に沿えるようにしたいというものであった。六月四日に開かれた幹事会、八月三日に開かれた執行委員会で、「玉泉寺修理は緊急を要することなので、日米協会会員に一万円程度の寄付を呼びかける」ことが決定された。

大正一五年一〇月、地元の寄付に加え、日米協会やアメリカの関係者からの寄付が集まったことを受け、本堂の修繕と併せて檀信徒の寄付による庫裡の新築が始まった。

米大使バンクロフトらと連携

栄一の働き掛けによって、玉泉寺保存に向けた事業は本格的に動き出したが、それは村上住職の思いに応えたからというだけではなかった。はるかアメリカからも、ハリスゆかりの地玉泉寺を後世に伝えたいと願う人物が、栄一にアプローチしていたのだ。

その人物は、アメリカはシカゴの実業家ヘンリー・ウルフ。彼は玉泉寺を訪れたことがあり、ハリスゆかりの同地に記念碑を建てることを発案していた。その実現のため、当時のアメリカ特命全権大使エドガー・バンクロフトを通じて栄一に協力を求めてきたのである。

ウルフとバンクロフトが玉泉寺を訪れたのは、村上住職による玉泉寺保存運動中の大正一四年の四月一六日のことであった。草が生い茂り訪れる人の絶えたうら寂しい境内で同胞の墓を見つけた二人は、一筋の線香の煙が立ち上っているのを見た。寺が荒廃しても墓の手入れを怠らなかった村上住職の奥ゆかしさ、心意気に感動し、寺にハリスの記念碑を建設することを発案したのである。

二人は早速行動を起こす。まず、バンクロフトが栄一に記念碑建設への協力を訴える。「記念碑には何をおいても日米協会の役員で､民間外交に力を入れる栄一の揮毫なくしては成立しない」と、至急碑文を検討するよう頼み込む。さらに、「とりあえず」の費用として三〇〇円の小切手を栄一に贈った。こうして、村上住職から始まった玉泉寺保存運動は、アメリカの実業家ウルフと大使バンクロフトの記念碑建設計画とつながり、大事業へと発展したのである。

しかし、記念碑建設が動き始めてわずか三カ月後の七月二八日、かねてから体調を崩していたバンクロフトは、軽井沢の新渡戸稲造邸で療養中に十二指腸潰瘍により他界してしまう。生前の彼は、「日米の親交は声のみではだめで、不言実行あるのみ」が持論だった。玉泉寺を訪れたのも、日米親交始まりの地を見ておきたいという強い意志ゆえであった。

バンクロフトの死を悼んだ栄一は、追悼文を発表している。そこには、バンクロフトが日本に着任した直後、初めて会った頃の思い出が語られている。「日本の国際社会への参加にはアメリカの配慮があった。バンクロフト氏は、玉泉寺をハリスの古蹟としようと提案してきた。バンクロフトとウルフ両氏のつながりで記念碑は建設にこぎ着けることができた」

そして、栄一は記念碑建設に向けて尽力を続け、ウルフともたびたび書簡を交わしている。記念碑の建設は清水組（現清水建設）の清水釘吉に依頼。費用については、発起人であるウルフと同じシカゴの実業家エルブリッジ・ピアスから三〇〇円寄付の申し出があったほか、アメリカ総領事のエドウィン・ネヴィルから、バンクロフトの遺産を記念碑建設に使うことが決まったとの連絡もあった。資金は、栄一および日米協会からの出費、国内外からの寄付によって順調に集まった。

娘歌子も同行して式典

昭和二年（一九二七）九月三〇日、栄一はハリス記念碑除幕式参列のため、東京駅発の列車に乗った。沼津で下車して、そこから自動車でまず修善寺へと向かった。この日は修善寺の新井旅館に宿泊し、下田入りは翌日だった。除幕式参列には、栄一の娘歌子も同行した。幕末生まれの歌子も、この頃はすでに六五歳。歌子はこの時の旅行を『伊豆の旅』という紀行文にまとめている。紀行文には、ところどころに見事な和歌が散りばめられ、当時の伊豆半島の様子が手に取るようにわかる。

式典当日、日米協会会長の徳川家達をはじめ、静岡県知事ら県関係者、アメリカ大使一行、日本海軍関係者、さらには時の首相田中義一ら日本政

修善寺の新井旅館前で記念写真に納まる渋沢栄一ら一行
（昭和２年10月１日撮影、新井旅館蔵）

府関係者ら、計八七名が参列した。地元玉泉寺関係者一〇四名と合わせると二〇〇名近くに上った。

午後三時から始まった式典で、まず栄一がハリス記念碑建設と玉泉寺修繕の趣旨を述べた。ハリスの事績について語るなかで、ハリスの通訳であったオランダ人のヒュースケンが殺害された事件のことに触れた。万延元年（一八六〇）にヒュースケンが攘夷論者に殺害された時、各国の公使たちは幕府の警備が不十分であったことを憤慨し、一時公使館のあった横浜から退去してしまう。ただ、ハリスだけは「新しく開かれようとする国に来ている以上、多少の危険があるのは言うまでもない。この事件も夜間の外出は控えるようにとの幕府からの通達を守らなかったヒュースケンにも非があり、幕府だけを責めることはできない」と語り、その結果、各国の大使も横浜に戻ってきたことを紹介した。かつて熱烈な尊王攘夷の志士であった若き日の自分を思ったのかもしれない。尊王攘夷論者による痛ましい事件を挙げながら、その折のハリスの毅然とした態度を賞賛している。

栄一はさらに、「今日日本がアメリカやイギリスと肩を並べる大国となったのは、ハリスが最初に外交や通商について日本へ指導し、日本の前途に心をかけてくれたことが大きかった」と述べた。

栄一に続き、アメリカ大使のチャールズ・マクベが祝辞に立った。その内容を要約すると以下の通りである。

現在日本を訪問する外国人は、思いのままに日本の数ある名所旧跡のどこに行くべきか選択に悩んでいる。壮麗なる社殿の日光、山々に囲まれた中禅寺湖、富士の山陰に芦ノ湖を有する箱根、白浜千里の浜辺とさざれ石を有する鎌倉と逗子、静寂平穏のなか由緒に富み、古き日本の文明に満ちた京都と奈良など枚挙にいとまがない。我々外国人は、四季を問わず日本の文化を探り、美術品を鑑賞することができる。

しかし、ハリスはこれらすべてを見ることができなかった。ハリスは、安政大地震によって荒れ果てた下田に住まざるを得なかった。しかも、日本人たちは最初、ハリスを猜疑の目を以って迎えたのである。ハリスが日本人と言葉を交わすときは、まずハリスが通訳のヒュースケン

ハリス記念碑（下田・玉泉寺）

に英語で伝え、ヒュースケンが幕府の通訳にオランダ語で伝え、幕府の通訳が幕府の役人に日本語で伝える、という手順を踏まなければならず、ハリスと日本の会談にはとても時間がかかり不便だった。しかも、前回の会談で話したことが次の時には忘れられ、時には無視されると、ハリスはそのたびに時間をかけて同じ説明をしなければならなかった。

そんなハリスに対して、アメリカ政府からは一二カ月の間、慰安の言葉も同情の挨拶もなかった。ハリスがどのような思いをしたのか、と追想せざるを得ない。しかしハリスにとっては、高い理想や深い観念による慰安など必要なかった。ハリスにとっての慰安は「職責そのもの」であった。ハリスは、全身全霊で職務を遂行したのである。

ハリスの成功の秘訣は、①勇気、②忍耐、③執着、④決心であった。ハリスは、まずアメリカが日本と最初に条約を締結しなければならないと考えた。ハリスは、鎖国の暗黒の中にいた太平洋上の島国である日本に西洋文明の光をあて、刀を鋤、鍬、水車、発動機に変えて日本の農工商業を世界に知らしめ、日本を世界の列強の一員に加えようとした。

しかし、ハリスは自身の行動が果たして日本のためになるのであろうか「是れ果たして幸か不幸か」(ハリスの日記では「予が思惟する如く、日本の為に真に有益なりや如何にと」)と、日本人の立場にも立って考えていたのである。当時日本が倒幕の危機に瀕していたことをハリスは知っていた。ハリスは、自分の示す道が日本の正しい発展に導くことを希望していた。この七〇年間の日本の発展は、ハリスすら想像できなかったことである。

今また日本の国民生活は危機に瀕している。この危機を脱するためには知恵と自制と愛国心が必要である。日本人が、将来永遠に平和と繁栄を持続せんことを希望する。


マクベの祝辞は、鎖国によって発展からほど遠い状況にあった日本に、ハリスが西洋文明の光を当てたという、あくまでも西洋人の視点から語られてはいるが、明治以降の日本の発展が永遠に続くことを望むとまで述べたのである。

この後、家達と田中義一、大倉喜八郎、静岡県知事の祝辞に続き、下田町長、浜崎村長から謝辞が述べられ、最後は栄一の挨拶で式典は終了した。

記念碑は台座を含めて約四メートル、花崗岩で作られたもので表面に英文、裏面に日本語で碑文が掘られた。碑文の文面作成には、『徳川慶喜公伝』編さんにも関わった阪谷芳郎と三上参次が協力した。記念碑の傍らには栄一と家達、アメリカ大使のマクベが植樹した月桂樹が今も枝を伸ばしている。

維持・管理の手だても

栄一と玉泉寺の関わりは、本堂修繕とハリス記念碑の建立だけでは終わらなかった。形あるものはいつか失われる。栄一は、ハリス記念碑を永遠のものとするため、その保存費用を工面することを始めたのである。

式典翌月の一一月、栄一はウルフをはじめとしたアメリカの関係者に対して、無事式典が開催され記念碑建設が完了したことを書状で報告した。書状には栄一が力を注いで編さんした「日本に於けるタウンゼント・ハリス君の事蹟」という小冊子が同封された。栄一は、記念碑完成を遅らせてまでこの記念冊子の作成に力を注いだ。

昭和三年（一九二八）二月、ウルフは栄一に対して記念碑完成報告の書状に対する返書をしたためた。そのなかで一つの提案がなされた。ウルフはこう述べる。

記念碑維持のためにどのような方法を講じているのか。記念碑の周囲に植樹を行うのは、玉泉寺もしくは下田の人々によって常に行われるのだと考えるがいかがか。人の事情に立ち入りすぎかも知れないが気を悪くしないでもらいたい。これらに要する費用に充てるため、利子収入を得ることができる基本金設置が行われるのだろうか。今後行われるのであれば寄付をしたい。記念碑を永久に保存するための方法を講じてくれれば幸いである。しかし、もし寄付金がないのであれば私の寄付金を基として運用を始めてほしい。東洋の然るべき銀行か信託会社に信託して投資を行い、記念碑保存のためだけを目的として利子収入を使用するようにするべきである。

日本人は、現在においても記念碑的なものを建てるまでは熱心でも、建てた後はほったらかしにすることが多く、後に維持管理をさせられる側が困惑する例が後を絶たない。ウルフは、折角建てたハリス記念碑がそうした憂き目に遭わないために、保存金（基金）を設立してその利子収入を以って費用に充てることを提案したのである。実際に、ウルフからは保存金として五〇〇円が寄付された。

ウルフからの書状に対して、栄一は七月六日付の返書で記念碑保存の策を講じることを伝えている。ハリス記念碑保存に関する覚書は、翌昭和四年九月にまとめられた。覚書では以下の事が定められた。ハリス記念碑保存金基金を一〇〇〇円とする（ウルフからの寄付金五〇〇円と栄一からの寄付金五〇〇円の合計）、基金の管理人は玉泉寺住職と同寺檀家惣代一名、渋沢事務所員一名とし、三人の名義で第一銀行に預金し原則として永久に保存する。基金の利子はハリス記念碑と玉泉寺境内に埋葬されているアメリカ人の墓の維持費に充てること、玉泉寺住職は毎年二月に会計報告書を作成し渋沢事務所とウルフに送付すること―。

同年九月二八日、玉泉寺の村上住職は渋沢事務所に保存金管理に関して書状を送った。保存金設立に対して感謝を述べるとともに、檀徒一戸に付き毎月五銭か一〇銭を集め、五年か一〇年で五〇〇〇円か一〇〇〇〇円にして保存金に組み込み、本堂の修繕にも使用させてほしい、と本堂維持への協力も求めた。

日米開戦となると、ハリス記念碑に撤去、取り壊しの話が持ち上がった。「時局柄不適当ならんか」として昭和二〇年二月頃に一度は撤去された。その際、村上住職の妻が危険も顧みず記念碑の前に身を横たえ、記念碑を守ろうとしたという。戦後、再び建てられたハリスの記念碑は、今も玉泉寺境内で日米友好の証しとして多くの人々に親しまれている。

コラム9

慶喜家の遺産「徳川文庫」

静岡市立清水中央図書館の書籍コレクション「徳川文庫」をご存じだろうか。徳川慶喜とその息子慶久《よしひさ》、孫慶光《よしみつ》の三代にわたる蔵書から構成され、渋沢栄一が限定二五冊で刊行した『昔夢会筆記』をはじめ貴重書も多い。もともとは慶喜の孫で元公爵の徳川慶光の所蔵品。戦後、鈴与株式会社社長の鈴木与平氏（七代与平）が譲り受け、昭和三一年（一九五六）に地元の清水市立図書館（清水中央図書館）に寄贈した。徳川文庫として同図書館に落ち着くことになった背景には、徳川慶光と七代与平との交流があった。まず二人のプロフィルと経緯を紹介したい。

徳川慶光は、慶喜の子で慶喜家を継いだ慶久の長男として東京小石川の慶喜邸で生まれた。父の急死に伴い一〇歳で爵位を受け、学習院から東京帝国大学へ進み中国哲学を学ぶ。卒業後は宮内省図書部に勤務。召集され太平洋戦争で中国を転戦した。復員後、華族令の廃止によって貴族院議員の地位を失い、昭和二三年頃には小石川の屋敷を引き払って、清水へ移る。興津にあった西園寺公望の別邸坐漁荘に家族と共にしばらく住み、その後は瀬名（静岡市葵区）に転居し、三保に新設された東海大学で漢文を教えた。

一方の鈴木与平は、江戸時代から続く清水廻船問屋播磨屋鈴木家の七代目で、静岡・清水の経済界に大きな足跡を残した。京都帝国大学経済学部で学んでいた当時、同家に伝わる古文書を読み解き、廻船問屋の歴史を演習レポートにまとめている。戦後は地元の文化振興に心を砕き、戦災で焼失した清水市立図書館の再建のために一五〇万円を寄付。図書館の後援会や協議会長を務めた。

二人は学生時代に出会い、親交を深めていたという。慶光の勤め先の東海大学に一時寄託されていた徳川文庫は、その縁もあって、与平を通じて図書館へ寄贈の運びとなったらしい。さらにもう一人、渋沢栄一が設立に尽力した県立葵文庫の当時の館長加藤忠雄の口添えもあったと伝わっている。慶光と与平は昭和五六年（一九八一）に加藤が他界した折、出版された遺稿集にそれぞれ巻頭言を寄せ、慶光は加藤をしのぶ「加忠会」の会長も務めた。

七千冊近くに上る徳川文庫は幕末から明治、大正、昭和という時代と慶喜家の変遷を様々に映している。例えば、「草深文庫」の銘の印は慶喜が住んだ静岡・草深町にちなむものだ。また、慶喜の父斉昭の著作や母貞芳院（吉子）、慶久の妻實枝子の蔵書もある。實枝子は有栖川宮威仁親王の二女で、蔵書には、「桜」の銘の印が押された私家版の歌集が多い。いずれも有栖川流の見事な筆で認められていて風格がある。このほか、水戸藩士で『大日本史』の校訂作業に尽くした青山延光の写本もある。

また、慶喜の息子慶久の蔵書では、冒頭に触れた『昔夢会筆記』が特筆される。恐らく慶喜の死後、大正四年（一九一五）に完成した限定二五冊のうちの第一を栄一が献上したのであろう。慶久は洋行経験もあっただけに洋書も充実している。孫慶光の蔵書には漢籍が多く、生まれ育った東京の小日向邸にちなむと思われる「向陽文庫之記」の印が押されている。

徳川文庫は、最後の将軍慶喜ゆかりの地静岡に伝わる歴史的な宝物といってよいだろう。その価値を理解し、散逸を防いだ慶光、七代与平はじめ関係者の労を多としたい。書籍の一部はデジタル資料にされ、同図書館で閲覧できる。

終章　相互作用がもたらしたもの

事業を動かした要素

明治維新期の静岡に私が興味をひかれるのは、地元ということ以上にこの地の特異な事情ゆえである。江戸時代初め、大御所家康のお膝元だった徳川の地に、二〇〇年以上の時を経て再び徳川家がやってきた。それによってもたらされた様々な変化は、他地域では決して見られないものだった。人口でいえば、家康の死後および駿府徳川藩崩壊で急減して以来、今度は維新後の静岡藩誕生で数万人規模の増加が起こった。住民は、きのうまでは記憶や意識の片隅にしかなかった徳川家が突然、自分たちの殿様になるという急展開に戸惑ったことであろう。明治初年の静岡の人々は徳川家と旧幕府に大いに翻弄された。良くも悪くも、静岡の江戸時代は徳川に始まり、徳川に終わったと言えるのである。

こうした背景を踏まえ、明治維新後の静岡に突如現れた栄一の静岡藩での事跡を考えることを本書は主眼に置いた。一般的に静岡藩商法会所については、西洋の合本主義に基づく日本初の株式会社であり、藩に大きな利益をもたらしたとされ、それはすべて栄一の手腕によるものであるかのように語られてきた。しかし戦前、「萩原家文書」を分析した上田藤十郎氏は静岡藩時代の栄一に厳しい評価を下している。

「世人の多くは、これ（筆者注＝商法会所設立）を以て渋沢栄一即ち渋沢篤太夫の創案にかゝるものとしてゐるのであるが、この点については聊《いささ》か疑問符を投じたいと考える」。上田は栄一の実績とされてきた事柄について、異なる要素もあったと指摘する。すなわち、合本主義に近い思想を静岡や清水の商人たちはすでに持ち合わせていて、栄一が静岡に来る前の段階で藩に対して商業組織をつくることを提案していた、と評価する。それは本書で繰り返し記述してきたとおりである。一方で、上田は、渋沢栄一の静岡での功績をどのように位置づけるのかについては、残念ながら明確には言及していない。

そこで私なりに改めて栄一が静岡で発揮した力量、功績について整理しておきたい。

一つは、相場の駆け引きの強さである。商法会所での活動でいうなら、まず明治新政府から貸し付けられた石高拝借金を、三井の三野村利左衛門に依頼して現金化したことである。栄一は、太政官札が将来流通するようになれば必ず物価が高騰すると考えた。この時に得た現金を元に、その後の商法会所の事業は行われ大きな利益を出した。彼の相場を見る目は的確だったのである。

もう一つは、他者を説得する力だろう。合本主義に似た考えを静岡や清水の商人たちはすでに持ってはいたが、静岡藩に実行を迫るまでには至らなかった。彼らの動きは石高拝借金が藩に貸し付けられる前であったから、もちろん単純に結論付けられないが、商人主体では藩の理解は得られなかった提案も、そこに栄一の説得が加わったからこそ、藩を動かせたと考えられる。

栄一と静岡の人々（御用達たち）の静岡での一〇カ月は、まさに相互作用が上手に働き、それぞれが実力を発揮した日々であった。第四章から七章で見たように、すでに合本主義に似た考え方を持っていたからこそ、萩原四郎兵衛をはじめとする静岡（駿府に留まらない広範囲の）の人々は、栄一と出会うとすぐさま商法会所の開設に向けて動きだせた。商法会所の事業拡大とともに、一時は静岡藩や栄一と御用達の間に意見の相違も生じるが、両者は常平倉への改組の過程を通じて目的は同じであることを確認していく。

御用達たちは重要な案件については栄一の判断を仰ぎ、同時に自分たちも積極的に事業を進めた。そこで培われた自主性ゆえに、栄一が静岡を去った後も廃藩置県までの間、（多額の赤字は出したものの）常平倉の事業を続けることができたのだ。栄一の残した事務引継書を基にして、御用達たちは負担や責任を果たし、協力し合って業務を遂行したのである。

栄一の静岡における業績を考えるためには本来、商法会所・常平倉の貸し付けを受けた人々の状況、影響についても探るべきなのだが、残念ながら、それを明らかにできる史料には出合うことはできなかった。管見の限りでは常平倉が活動を終えた後、静岡における産物生産や事業資本のための貸し付けが組織的に行われていたかどうかは不明である。近代的な銀行組織が広くつくられるのはもう少し先のことだ。それまでの間は江戸時代に行われていたような豪農、豪商による貸し付けが行われたことが想定されるものの、それらに商法会所・常平倉のような公益性があったかを検討するには、まだまだ史料の発掘が必要となろう。

郷土発展の礎

栄一を支えた御用達たちはその後どうなったのだろうか。萩原をはじめ、主な人物のその後を紹介しよう。

廃藩置県の後、それまで町や村で領主支配の末端を担っていた名主、庄屋といった役人に代わって、戸長、副戸長が置かれることとなった。静岡では、旧幕臣に加えて萩原たち商法会所・常平倉の御用達だった者たちも任命された。特に萩原は四九区（呉服町、両替町等三四カ町）の戸長、野呂整太郎が四六区（御器屋町、草深町等六カ町）の副戸長となり、明治六年に行われた地租改正では、先頭に立ってその業務を担当している。

明治六年に大区小区制という地域の枠組みが誕生すると、引き続き萩原と野呂整太郎は第四大区四小区の戸長と副戸長に、静岡近在の村々では豪農として常平倉に参加した小鹿村の出島竹斎（甚太郎）は三小区の戸長、六小区の戸長には宮崎総五が就任した。宮崎は後に安倍郡長も務める。

萩原と出島は、静岡の人々のよりどころとなる神社の維持にも力を注いだ。本文で述べたように、民間出身者としては初の久能山東照宮の宮司となった出島は、幕府という後ろ盾をなくした同宮を維持するため、「久能山真景図」という案内絵図を発行して参拝を促すとともに、宝物類の公開を通して観光地化を進めた。一方、静岡中心街の有力者萩原は、静岡浅間神社の維持に尽力した。維新後の浅間神社荒廃を憂い、特に廿日会祭の伝統が失われつつあることに危機感を抱いて、同神社を静岡の町をはじめ安倍郡およそ一二〇カ村の郷社とし、廿日会祭の永続を図ることを明治五年に静岡県へ願い出ている。

江戸時代以来の経験と、栄一と共に商法会所・常平倉を運営した経験をもって地域運営に力を入れた者がいた一方、経済界で実績を残した者もいた。野崎徳成（彦左衛門）は元々の茶商売や両替商に加え、明治になって銀行業を始め、後に静岡銀行と合併する野崎銀行を設立した。合併後の静岡銀行では息子が頭取となっている。

尾崎伊兵衛は茶業に集中し、出島と組んで紅茶伝習所を小鹿に設立したほか、この頃に力を伸ばしてきた元清水廻船問屋の鈴木与兵衛（現在の鈴与）やその兄で後に静岡にミカン栽培を定着させた袖師の澤野精一と組んで、清水湊（当時は巴川の河口にあった）と横浜港を結ぶ定期航路の開拓を進めた。伊兵衛の息子の代となった明治一〇年代には、清水湊と横浜港を結ぶ海運会社「静隆社」

が設立され、かつて商法会所・常平倉の御用達だった者の次の世代が多数参加した。

このように、栄一と共に商法会所・常平倉で汗を流した静岡の人々は、それぞれの得意分野で静岡の発展に尽くした。もちろん、すべてが栄一の薫陶というわけではなく、郷土発展への使命感や商売への挑戦として行ったものであろうが、地域運営に必要な国や県との調整、商機を逸しない決断力といったものは、栄一から学んだものも少なくなかったと推察される。

何度も繰り返すが、栄一の静岡藩士時代はわずか一〇カ月、しかも二度の東京出張を除けば、実質的に静岡に住んだのは七カ月にすぎない。それでも、栄一と共に仕事をして得た経験は、静岡の人々の確かな糧となり、郷土静岡の発展につながったといえるであろう。栄一の存在は実に大きく、ある意味では奇跡だった。

渋沢栄一と静岡　年譜

西暦	年号	満年齢	事項（太字は静岡での出来事）
一八四〇	天保一一	〇歳	武蔵国榛沢郡血洗島村（埼玉県深谷市）の有力農民・渋沢市郎右衛門の長男として生まれる
一八四七	弘化四	七歳	従兄尾高惇忠から漢籍を学ぶ
一八五二	嘉永五	一二歳	**駿府茶問屋再興、嘉永茶一件起こる**
一八五四	七	一四歳	父から家業（畑作、養蚕、藍問屋）を学ぶように命じられる　**安政東海地震で駿府被災**
一八五八	安政五	一八歳	千代（尾高惇忠妹）と結婚
一八五九	六	一九歳	**駿府商人たち横浜に貿易のための店を構える**
一八六二	文久二	二二歳	長女 歌子生まれる
一八六三	三	二三歳	**駿府茶の横浜貿易本格化**
			一橋家に仕え武士となり、篤太夫を名乗る
一八六六	慶応二	二六歳	徳川慶喜将軍となり幕臣となる
一八六七	三	二七歳	徳川昭武とともにパリ万国博覧会へ派遣される
一八六八	四	二八歳	明治維新によりフランスより帰国／**慶喜のいる駿府へ**
一八六九	明治二	二九歳	**静岡藩商法会所、常平倉を開く**／明治政府の招聘で民部大蔵両省仕官
一八七〇	三	三〇歳	租税、紙幣、富岡製糸場等に関する職務を担当する
一八七一	四	三一歳	大蔵権大丞 正六位続いて従五位に叙せられる
一八七三	六	三三歳	大蔵省に辞表を提出し、以後は民間経済人として活動開始
一八七五	八	三五歳	**静岡の慶喜邸を訪れる**

西暦	年号	満年齢	事項（太字は静岡での出来事）
一八七八	明治一一	三八歳	**五月一八日慶喜邸を訪れる**
一八七九	一二	三九歳	米前大統領グラント夫妻来日、東京接待委員長を務める／コレラの流行に際し、東京地方衛生会幹事として予防費を寄付
一八八〇	一三	四〇歳	**四月二八日慶喜邸を訪れ、舶来織物などを土産に持参**
一八八二	一五	四二歳	千代コレラ類似症により逝去（四二歳）／一一月慶喜邸を訪れる
一八八三	一六	四三歳	伊藤かねと再婚
一八八四	一七	四四歳	**六月一日慶喜邸を訪れ、酒肴で歓待される**
一八八六	一九	四六歳	**五月と一〇月 視察旅行途中に慶喜邸を訪れる**
一八八八	二一	四八歳	**徳川慶喜、西草深邸へ転居する／栄一、一二月に慶喜邸を訪問**
一八九三	二六	五三歳	**正月、夫人、三遊亭円朝と共に慶喜邸を訪問**
一八九四	二七	五四歳	**一〇月慶喜邸訪問**
一八九五	二八	五五歳	**掛川鉄道株式会社設立を目指すが不許可となる**
一八九六	二九	五六歳	**一月一日、夫人と共に静岡へ／三日慶喜邸訪問**
一八九七	三〇	五七歳	韓国視察旅行
一九〇〇	三三	六〇歳	**六月二九日静岡商工会発会式で演説（於 浮月楼） 翌日浅間神社参拝**／男爵受爵
一九〇八	四一	六八歳	**一一月静岡市物産陳列館で静岡市教育会（午前）と静岡市立静岡商業学校生徒（午後）に講演**
一九〇九	四二	六九歳	渡米実業団団長として五〇名の実業家と共に三カ月にわたる視察旅行
一九一〇	四三	七〇歳	**三月静岡商業会議所の招きで渡米旅行を語る（県立商品陳列所）／浅間神社参拝／富士製茶見学**

西暦	年号	満年齢	事項（太字は静岡での出来事）
一九一一	明治四四	七一歳	勲一等瑞宝章
一九一二	四五	七二歳	**横砂井上馨邸内の井上馨像に揮毫／富士身延鉄道株式会社設立を支援**
一九一三	大正 二	七三歳	徳川慶喜没 葬儀委員総裁を務める／**島田で演説中に倒れる**
一九一五	四	七五歳	**四月、横砂井上馨邸園遊会に参加、翌日静岡師範学校にて久能山三百年祭の講演を行う**
一九一六	五	七六歳	一月、前年一一月よりの第三回渡米より帰国 サンフランシスコで博覧会視察
一九一七	六	七七歳	喜寿を機に前年、各社要職から退き実業界を引退するも、社会福祉、民間外交等の活動は続ける
一九一八	七	七八歳	『徳川慶喜公伝』刊行
一九二〇	九	八〇歳	**鈴川町（富士市）にて講演**／子爵受爵
一九二一	一〇	八一歳	四回目の渡米、ハーディング大統領と会見
一九二二	一一	八二歳	**静岡育英会の顧問となる**
一九二三	一二	八三歳	関東大震災 自らも被災し国内外の民の力を結集、政府に協力し復興に尽力
一九二四	一三	八四歳	**下田玉泉寺の本堂改修を援助**
一九二五	一四	八五歳	**ハリス記念碑建設を開始する**
一九二六	一五	八六歳	**静岡県立葵文庫創設に寄付**
一九二七	昭和 二	八七歳	**下田を訪れ玉泉寺のタウンゼンド・ハリス記念碑除幕式に参加。修善寺温泉泊**
一九三一	六	九一歳	一一月一〇日正二位に叙せられる／一一日死去し青山斎場で葬儀、谷中の渋沢家墓地に埋葬

渋沢栄一　静岡藩一〇カ月の日々

年	月日	居所	動静
明治元年	一二月一九日	静岡	駿府に到着する
	二〇日		駿府城へ入る
	二三日		宝台院で徳川慶喜に拝謁する
	二四日		勘定組頭の辞令を拒否する
	二五日		勘定組頭辞任の辞表を提出する
	二六日		大久保一翁に面会し勘定組頭就任の説得を受ける
	二七日		勘定組頭格御勝手懸り中老手附を拝命し、呉服町五丁目川村屋へ転居する
			昭武へ静岡藩士となったことを伝える書状を送る
	二九日		血洗島へ書状を送る
明治二年	一月一日		商法会所見込書取調について平岡準蔵と話し合う
	二日		萩原四郎兵衛に出頭を命ずる
	三日		萩原と面会し商法会所の計画書を作る
	四日		商法会所の計画書を平岡に提出する
	五日		北村彦次郎と面会し商法会所について話し合う
	六日		商法会所見込書を大久保一翁に提出する
	一〇日		中老衆列座の場で商法会所の計画を述べる
	一二日		中老衆に商法会所意見書への返答を催促する

年	月日	居所	動静
明治二年	一月一三日	静岡	北村彦次郎と商法会所設置について打ち合わせる
	一五日		商法会所が置かれることとなった紺屋町元代官屋敷の破損箇所や部屋を調査したうえで同所へ転居する
	一六日		商法会所が認可され、栄一は頭取となる。商法会所の御用向きについて大久保一翁に報告する
	一七日		久能山東照宮に参詣する
	一八日		商法会所に初出勤する
	二月　五日		千代に書状を送る
	二月中	東京	東京に出張し三井組の三野村利左衛門の協力で太政官札を現金化する
			自ら肥料市場で商品を吟味する
	三月　七日		フランス滞在中の運用益の扱いについて、フロリヘラルトに返書を出す
	一二日		東京から静岡へ戻る
	一三日	静岡	商法会所出勤
	一四日		商法会所出勤
	一五日		商法会所出勤
	一六日		商法会所出勤
	一七日		商法会所出勤
	一八日		商法会所出勤／見附宿役人が商用出張所取立願いを出す
	一九日		商法会所出勤

年	月日	居所	動静
明治二年	三月二〇日	静岡	商法会所出勤
	二二日	静岡	明治天皇の東幸につき休日
	二三日	静岡	商法会所出勤
	二四日	静岡	商法会所出勤
	二五日	静岡	商法会所出勤
	二六日	静岡	商法会所出勤
	二七日	静岡	商法会所出勤
	二九日	静岡	商法会所出勤
	三〇日	静岡	商法会所出勤
	四月　一日	静岡	商法会所出勤
	二日	静岡	商法会所出勤
	三日	静岡	商法会所出勤
	四日	静岡	商法会所出勤
	五日	静岡	商法会所出勤
	六日	清水	清水に出張する
	七日	清水	清水から戻る
	八日	静岡	商法会所出勤。栄一と商法会所の御用達が静岡藩勘定頭列座の会議に出席し、商法会所の職制が変更となる

年	月日	居所	動静
明治二年	四月　九日	静岡	商法会所出勤
	一〇日		休日
	一一日		商法会所出勤
	一二日		商法会所出勤
	一三日		商法会所出勤
	一四日		商法会所出勤
	一五日		商法会所出勤
	一六日		商法会所出勤
	一七日		久能山祭礼のため休日
	一八日		商法会所出勤
	一九日		商法会所清水出張会所完成
	二〇日	清水	清水へ出張する（五月一〇日まで）
	二二日		休日出勤
	二三日		清水から千代へ手紙を送る
	五月一〇日		清水から静岡へ帰る
	一一日	静岡	商法会所出勤
	一九日		商法会所出勤
	二二日		商法会所出勤

年	月日	居所	動静
明治二年	五月二三日	静岡	商法会所出勤
明治二年	二四日	静岡	商法会所出勤
明治二年	二五日	静岡	商法会所出勤
明治二年	六月　六日	東京	商法会所に出勤の後東京へ出発
明治二年	一二日	東京	東京でフランス滞在中の運用益について報告を行う（八月まで続く）／千代に手紙を出す
明治二年	一六日	東京	商法会所御用達たちが太政官札の扱いについて話し合いを行う
明治二年	二〇日	東京	千代へ手紙を送る
明治二年	二六日	東京	勘定役の小栗へ太政官札の扱いについて書状を出す
明治二年	七月　一日	東京	千代へ手紙を送る／栄一、勘定役の小栗へ太政官札の扱いについて書状を出す
明治二年	九日	東京	千代へ手紙を送る
明治二年	一八日	東京	坂本柳左衛門から、萩原四郎兵衛・宮崎総五を糾弾する書状が届く
明治二年	二三日	東京	千代へ手紙を送る
明治二年	二七日	東京	栄一の活躍を報じる『明治新聞』が発行される
明治二年	八月　六日	東京	東京から商法会所御用達へ書状を出す
明治二年	一五日	東京	帰国の先触を出し静岡へ帰る
明治二年	一七日	静岡	平岡へ書状を出す
明治二年	二七日	静岡	商法会所が廃止となる
明治二年	二八日	静岡	大久保一翁へ常平倉についての意見書出す

年	月日	居所	動静
明治二年	八月二九日	静岡	常平倉掛となる御用達が任命される
	九月　一日		常平倉が営業を開始する
	三日		常平倉の御用商人らが藩からの諮問に対して答申書を提出する
	五日		常平倉出勤
	一〇日		常平倉の印を作ることを決める
	一二日		常平倉の印の作り方を指示する
	一〇月　一日		慶喜の謹慎が解除され、常平倉の移転が決まる。栄一、常平倉の移転場所を検討する
	二日		常平倉の教覚寺への移転作業を行う。栄一の一家も引っ越す
	三日		教覚寺で常平倉の営業を開始する
	六日		常平倉の機能拡張のため、旧目付屋敷の見分を行う
	二〇日		明治新政府から東京出頭命令書が届く
	二一日		大久保一翁へ東京出頭延期を願い出るが不許可となる
	二二日		大久保、平岡、小栗へ業務引継を行う。常平倉御用達商人たちに常平倉の事業について策を授ける
	二三日		御用達たちが提出した業務計画書に対して意見を述べる
	二四日		常平倉の書類を取り調べ、御用商人たちに指示する
	二五日		常平倉の書類の総点検を行い、業務引継書を作成する。東京出立の準備をする
	二六日		静岡を出発し清水に立ち寄り、江尻に宿泊する

年	月日	居所	動静
明治二年	一〇月二七日	静岡	富士郡平垣村の松永整（常平倉御用達の一人）を訪ね、岩淵の開墾場を見る
	二八日		原の植松家を訪ねる。常平倉が旧駿府目付屋敷に移転する
	一一月　二日	東京	東京に到着する
	五日		民部省租税正を命じられる
	一一日		千代と歌子が静岡を引き払うことが決まる。常平倉の土蔵が完成する
	一二日		常平倉の施設がすべて完成する
	一八日		常平倉御用達たちが栄一へ干鯛を送るための集金を始める
	二〇日		萩原、宮崎、出島が勘定頭の平岡、小栗へ挨拶をする
	二二日		常平倉の印章が完成する
	一二月　六日		常平倉御用達の出勤体制が変更となる
	八日		大隈重信と面会し明治政府出仕を決める
	一二日		栄一の後任として宮田文吉が常平倉に着任する
			常平倉御用達たちが餞別の品を贈る
	一五日		千代と歌子が東京へ出発する
	二三日		常平倉御用達へ餞別の品に対する礼状を送る

参考文献一覧

【自治体史関係】

●『静岡市史編纂資料　第四巻』（静岡市役所、一九二七）
●『静岡市史　近代』（静岡市、一九六九）
●『静岡県史　通史編３　近世二』（静岡県、一九九六）
●『静岡県史　通史編５　近現代一』（静岡県、一九九六）
●『静岡県史　資料編16　近現代一』（静岡県、一九八九）

【伝記・業績関係】

●渋沢栄一述、長幸男校注『雨夜譚』（岩波書店、一九八四）
●土屋喬雄『渋沢栄一』（吉川弘文館、一九八九）
●見城悌治『渋沢栄一「道徳」と経済のあいだ』（日本経済評論社、二〇〇八）
●安藤優一郎『徳川慶喜と渋沢栄一　最後の将軍に仕えた最後の幕臣』（日本経済新聞出版社、二〇一二）
●井上潤『渋沢栄一伝　道理に欠けず、正義に外れず』（ミネルヴァ書房、二〇二〇）
●安藤優一郎『渋沢栄一と勝海舟　幕末・明治がわかる！慶喜をめぐる二人の暗闘』（朝日新聞出版、二〇二〇）
●安藤優一郎『幕末の志士渋沢栄一』（エムディエヌコーポレーション、二〇二〇）
●村上文樹「渋沢栄一先生と下田」（『伊豆新聞』連載、二〇二〇）

【静岡藩・旧幕臣関係】

●上田藤十郎「静岡藩の組合商法会所及び常平倉について」（『昭和高等商業學校研究部報』二輯、一九三八）
●佐々木聡「渋沢栄一と静岡商法会所」（『渋沢研究』七号、一九九四）
●龍澤潤「静岡藩商法会所の設立について―商法会所・常平倉の理念をめぐって―」（『白山史学』三七　二〇〇一）
●前田匡一郎『慶喜邸を訪れた人々―「徳川慶喜家扶日記」より―』（羽衣出版、二〇〇三）
●飯島千秋『江戸幕府財政の研究』（吉川弘文館、二〇〇四）
●家近良樹『その後の慶喜　大正まで生きた将軍』（講談社、二〇〇五）
●樋口雄彦『第十六代徳川家達　その後の徳川家と近代日本』（祥伝社、二〇一二）
●杉山容一「徳川幕臣団の解体と静岡藩」（『歴史』一二三号、二〇一四）
●『久能山誌』（静岡市、二〇一六）
●樋口雄彦『見る　読む　静岡藩ヒストリー』（静岡新聞社、二〇一七）
●原口大輔「明治期の静岡育英会―徳川宗家・旧幕臣・旧静岡藩―」（『渋沢研究』三一号、二〇一九）
●樋口雄彦『幕末維新期の洋学と幕臣』（岩田書院、二〇一九）
●樋口雄彦「静岡藩と明治二年の百官名・国名禁止」（『静岡県近代史研究会報告』五一三、二〇二一）

●岡村龍男「幕末維新と静岡県の人口」
（『静岡県史　別編4　人口史』静岡県、二〇一一）

【駿府・静岡関係】

●『葵文庫ト其事業』二号（静岡県立葵文庫、一九二六）
●『静岡県茶業史』
（静岡県茶業組合聯合会議所編、一九二六）
●萩原元次郎『幕末維新の駿府を語る萩原鶴夫伝』
（萩原鶴夫伝刊行会、一九六八）
●斎藤幸男『清沢の大公孫樹　尾崎伊兵衛家伝』
（尾崎元次郎顕彰記念出版刊行会、一九七二）
●安本博編『静岡中心街誌』
（静岡中心街誌編集委員会編、一九七四）
●柴雅房「近世都市における惣町結合について－駿府町会所「万留帳」の分析から」（『史境』三七号、一九九八）
●青木祐一「近世都市における文書管理について―「駿府町会所文書」を中心に―」（『千葉史学』三九号、二〇〇一）
●青木祐一「近世都市における惣町文書の構造分析－駿府町会所文書「御用箪笥長持諸書物書道具目録帳」の分析を事例に―」（『千葉大学社会文化科学研究科研究プロジェクト報告書』四六号、二〇〇二）
●青木祐一「静岡県立葵文庫とその事業　アーカイブズの観点から」
（『学習院大学文学部研究年報』五九号、二〇一二）
●岡村龍男「幕末期の駿河国安倍郡における茶生産・取引慣行―藁科通と井川の比較から―」『財団法人伊豆屋伝八文化振興財団紀要：静岡県の歴史文化遺産』四号、二〇一二
●菊地悠介「幕末期の横浜貿易と茶流通―加藤家と駿遠地域の茶商たち―」小田原近世史研究会編『近世南関東地域論―駿豆相の視点から―』（岩田書院、二〇一二）
●岡村龍男「近世都市駿府における自然災害と町政の変容」
（『駒澤大学大学院史学論集』四三号、二〇一三）
●岡村龍男「幕末期の駿河国安倍郡と駿府における茶流通－茶産地村落の茶会所運営と横浜開港―」
（『交通史研究』八一号、二〇一三）
●岡村龍男「駿府・静岡の菓子商「扇子屋」と町方社会」
（『和菓子』二二号、二〇一五）
●岡村龍男「近代の静岡市中心街と菓子商扇子屋」
（『和菓子』二四号、二〇一七）
●岡村龍男「支配者の交代と静岡県の人口」
（『静岡県史　別編4　人口史』静岡県、二〇一一）

【引用史料】

●『渋沢栄一伝記資料』渋沢栄一伝記資料刊行会（デジタル版）
●静岡市史編纂資料70「万留帳」
（駿府町会所文書、静岡県立中央図書館蔵）
●静岡市史編纂資料71「御触書帳」
（駿府町会所文書、静岡県立中央図書館蔵）

あとがき

渋沢栄一に関する著作はあまたあるが、いずれも栄一の静岡藩時代についての扱いはわずか数ページだ。しかも、ほとんどは栄一の自伝『雨夜譚』の記述によるもので、静岡に残された史料はおろか、彼を知る基礎資料であるはずの『渋沢栄一伝記資料』に掲載された膨大な「萩原家文書」も、全く参照されていない。静岡を研究する者として、この「萩原家文書」を有効活用できないだろうかと思ったのが、私の本書執筆の動機の一つである。

実を言えば、私はもともと渋沢栄一に特段の興味があったわけではない。研究対象は、もっぱら江戸時代後期から明治初期にかけての郷土静岡の地域社会であり、これまで茶生産と地域運営、駿府や久能山と周辺の地域社会のありようなどを中心にずっと取り組んできた。従って栄一についてもその視点からのアプローチが自然だった。「はじめに」で述べたように、本書の目的は渋沢栄一というういわば「よそ者」が静岡にもたらした影響を探るとともに、彼と関わり協力した地元の人々の姿に迫ることであった。栄一の静岡藩時代の功績として挙げられる商法会所・常平倉の開設と運営も、当然ながら一人の力でできたわけではない。栄一の事蹟を静岡の側から捉え直していけば、改めて浮かび上がる史実もあると信じて稿を進めた。

第一章から三章にかけては渋沢栄一自身の静岡に来る前の人生とともに、江戸時代から明治維新までの静岡の歩みについて多くの記述を割いた。栄一の静岡藩士時代を理解するためには前史、前提のおさらいが欠かせないと考えたからだ。第四章から七章は、『渋沢栄一伝記資料』に掲載された史料や地元静岡に残された史料から、関係部分を抽出した。既刊の出版物でも、これまで十分には検討されてこなかった商法会所・常平倉における栄一と静岡の人々のつながりについては、今回初めて明らかにできた事実も少なくなかった。もちろん記述には多くの先学を参考にしている。ただお断りしておきたいのは一般書とした性格上、一つ一つに注を付して示すことはあえて避けている。詳しくは巻末の主要参考文献の一覧をご覧いただきたい。

本書執筆は、駿府博物館（静岡市駿河区）の令和二年度短期歴史講座で、「渋沢栄一と静岡」をテーマにお話したことがきっかけだった。聴講された静岡新聞社出版部の方からお声掛けいただき、非力も顧みずにお引き受けすることにした。当時、私は任期付き学芸員の職を解かれ、しかもコロナ禍という絶望的な状況下で浪々の身となっていた。再就職するまで何が何でも生き抜こうと、専門知識を活かせる様々な仕事に駆け回った。しかし、所属もなくフリーであったから、名前も連絡先も全く知られていなかった。そのような折、過去に講演の場をいただいた静岡浅間通り商店街振興組合に「岡村とコンタクトを取りたい」という問い合わせが入るようになった。新一万円札の顔に決まり、大河ドラマの主人公となった栄一と静岡とのゆかりが少しずつ知られるようになったからだろう。一つ一つを丁寧に取り次いでくれた同会の原木公子さん、安本久美子さんに大変お世話になった。

駿府博物館での講座以降、渋沢栄一との関わりは増し、関連する講座や講演、さらにはNHK静岡放送局の大河ドラマ関連イベントへ出演、SBS静岡放送の栄一関連番組への出演・監修の機会を得た。準備段階での新たな史料の発見や、史料所蔵者との出会いなど得難い経験の連続だった。特に、原木さんを通しての萩原四郎兵衛の子孫の方との巡り合いは、卒業論文以来その足跡を追ってきた私にとっては大きな感動であった。

筆をおくに当たり、栄一が詠んだ漢詩を自戒を込めて紹介したい（宝台院所蔵）。

待有余而済人　　余りあるを待ちて人を済まば
終無済人之日　　終に人を済ふの日無し

待有暇而読書　　暇有るを待ちて書を読まば
必無読書之時　　必ずや書を読むの時無し

「余裕ができるのを待って人を救おうとするならば、いつになっても人を救う日は訪れないであろう。暇のできるのを待って書を読もうとするならば、必ずや書を読むときはやってこないであろう」という意味である。本書執筆の過程はまさにこの言葉を胸に刻む日々であった。

当初令和二年度末にも刊行の予定が、私の再就職も重なり、延びに延びてしまった。編集担当の静岡新聞社出版部スタッフには、この漢詩で栄一が戒めるが如く遅々として進まない原稿執筆に叱咤激励をいただき、また丁寧な校閲をしていただいた。改めて御礼を申し上げたい。

本書を手に取ってくださった方々が、「渋沢栄一と静岡」についていささかなりとも理解を深めていただけたならば幸いである。

令和三年九月　　　　　岡村　龍男

岡村　龍男（おかむら　たつお）

1984年静岡市生まれ。2007年駒澤大学文学部歴史学科卒業、13年同大学院人文科学研究科歴史学専攻博士後期課程単位取得退学。専攻は日本近世史（江戸時代後期から明治初年）。埼玉県立文書（もんじょ）館、静岡市文化財課、島田市博物館を経て21年から豊橋市図書館学芸員。NPO法人歴史資料継承機構理事も務め、県内外で古文書、歴史資料の調査保存活動を行っている。


主要論文は以下の通り。

「近世の久能山東照宮と地域社会」

（静岡市編『久能山誌』2016）

「近世駿府の支配構造と地域社会」

（『静岡県地域史研究』6号、2016）

「近代の静岡市中心街と菓子商扇子屋」

（虎屋文庫『和菓子』24号、2017）

「幕末維新と静岡県の人口」

（『静岡県史　別編4　人口史』静岡県、2021）

渋沢栄一と静岡　改革の軌跡をたどる

2021年9月22日　初版発行

著者　岡村　龍男
発行者　大須賀　紳晃
発行所　静岡新聞社
〒422-8033　静岡市駿河区登呂3-1-1
電話054(284)1666
装丁　塚田　雄太
印刷・製本　三松堂株式会社

ISBN978-4-7838-1095-7　C0021
＊定価はカバーに表示してあります
＊乱丁・落丁本はお取り替えいたします